LETTRES INÉDITES

DE

HENRY IV

A M. DE PAILHÈS

GOUVERNEUR DU COMTÉ DE FOIX

ET AUX CONSULS DE LA VILLE DE FOIX

1576-1602

PUBLIÉES POUR LA SOCIÉTÉ HISTORIQUE DE GASCOGNE

PAR

Le Vte Ch. de LA HITTE

PARIS	AUCH
HONORÉ CHAMPION	COCHARAUX FRÈRES
ÉDITEUR	IMPRIMEURS
15, quai Malaquais, 15	11, rue de Lorraine, 11

M DCCC LXXXVI

ARCHIVES HISTORIQUES
DE LA GASCOGNE

FASCICULE DIXIÈME

LETTRES INÉDITES DE HENRY IV
A M. DE PAILHÈS

PAR

Le Vicomte Charles de La Hitte.

INTRODUCTION.

Henry IV lui-même vient se présenter aujourd'hui aux amis de l'histoire dans ce fascicule où nous avons réuni quelques-unes de ses lettres pieusement disputées à l'oubli.

Il était temps que le plus spirituel, le plus intéressant, le plus aimé de nos épistolaires prît place dans cette publication destinée à faire revivre les souvenirs de la Gascogne et à sauver les précieuses reliques de son passé. N'était-il pas étrange qu'il n'eût point encore paru en personne au milieu de nous! Et dans ce *milieu* si Gascon, n'était-ce point une lacune? Je suis fier d'être le premier à évoquer ici le souvenir de celui qui ne fut pas seulement le plus illustre des Gascons, mais aussi le plus grand des héros, la plus haute personnification de la France entière et de son temps. Si, par son caractère primesautier, la vivacité de son esprit, l'expansion de son cœur, sa bravoure enfin, il est, avant tout, *noste Henric,* le Gascon aimé entre tous, la France a aussi le droit de le revendiquer comme sien et comme le plus Français et le plus cher de ses enfants. C'est qu'à toutes les qualités de la race maternelle, le Béarnais sut en joindre d'autres qui semblent être, d'ordinaire, l'apanage de races plus septentrionales, plus froides que la nôtre : celles de l'homme d'État, de l'administrateur savant, du politique habile.

Le Gascon, avant tout, naissait soldat; c'est par là que commence le roi de Navarre, laissant deviner, dès les premiers jours, sous la cuirasse du plus brave guerrier de son temps, l'étoffe du Roi qui allait mériter l'épithète de *grand*.

C'est là un fait révélé par sa correspondance entière, et les lettres que nous publions le confirment. Dans l'épanchement intime d'une lettre, l'homme laisse toujours quelque chose de lui, et si cet homme a le caractère ouvert, loyal comme Henry IV, il dévoile et met à nu, sans même le savoir, les fibres les plus secrètes de son cœur.

Nous le trouverons donc dans ces lettres tel que nous le montre, d'ailleurs, tout ce qui émane de lui : soucieux avant toutes choses des intérêts de son peuple, actif jusqu'à la prodigalité de lui-même, bon maître, bon ami, gardant le culte sacré de la reconnaissance pour les dévouements qu'il savait inspirer à tous ceux qui l'approchaient.

L'accueil réservé à ces lettres n'est donc pas douteux et ne nous cause aucune appréhension. Elles seront lues, dévorées même, qu'on me passe le mot, et je vois déjà bien des lecteurs émus et recueillis, les yeux fixés sur ces pages. Je me rappelle encore les paroles vibrantes d'émotion du cher et savant président de notre Commission, M. le baron de Ruble, quand je demandais, dans la dernière réunion, l'honneur de publier ces lettres, et l'enthousiasme qui accueillit cette proposition quand M. Ph. Lauzun offrit pour le prochain fascicule quarante lettres de Marguerite de Valois.

Puisque je viens de commettre une indiscrétion au préjudice de mon excellent ami et collègue, il me permettra d'ajouter un mot : il était de toute justice que cette rencontre des deux époux eût lieu et qu'elle eût lieu ici, dans cette hospitalière et si gasconne demeure! Le plus galant de nos souverains, le meilleur de nos rois écrivains pouvait-il y paraître sans évoquer la vive et séduisante image de la plus galante des reines, une des meilleures aussi de nos femmes écrivains?

Il faut bien l'avouer, et c'est l'ombre nécessaire au tableau, ils ne furent pas de leur vivant un modèle parfait d'union conjugale; mais trois siècles ont passé, et l'Histoire n'a-t-elle pas, comme le déclare dans ses *Mémoires* la reine de Navarre, « un certain baume « naturel qui réunit et rejoint les parties séparées »? — C'est vrai. — Le temps ne console pas, il efface. Henry et Marguerite, réunis après trois siècles sous le même toit, y goûteront ce *baume naturel;* et ce n'est pas ici que les royaux et galants époux feront mauvais ménage.

Un mot sur l'origine de ces lettres. Elles sont extraites des archives de M. Eugène de Serres de Justiniac (au château de Laborie, par Cintegabelle, Haute-Garonne), descendant et héritier de la maison de Villemur-Pailhès. Tous les admirateurs du Béarnais salueront de leurs applaudissements le gentilhomme distingué qui a mis à ma disposition, avec la plus exquise bienveillance et le plus généreux empressement, ce royal trésor. Tous s'associeront aux sentiments de profonde gratitude dont je le prie d'agréer le sincère et public hommage ([1]).

Ces lettres ne sont pas les seules richesses que renferme le précieux chartrier de M. Eugène de Serres : mes lecteurs verront que je ne me suis pas contenté de prendre le dessus du panier, mais que j'ai puisé jusques au fond. Henry III, Catherine de Médicis, Catherine de Navarre, le maréchal de Damville, etc., prendront plus d'une fois la parole après le roi de Navarre. M. Félix Pasquier, archiviste du département de l'Ariège — un érudit marqué au bon coin — a enrichi ma collection de sept lettres inédites de Henry IV, d'une lettre de Catherine de Navarre et d'une lettre du baron d'Audou, extraites des fonds des archives de l'Ariège et du chartrier de M. le marquis de Narbonne-Lara, au château de Nescus, près La Bastide-de-Sérou (Ariège). Je le prie d'agréer mes plus chaleureux remerciements. Toutes ces lettres concernent le comté de Foix et forment une suite naturelle qui résume dans ses principaux faits l'histoire de cette contrée de 1576 à 1602.

Est-il besoin de dire qu'à mon maître et à mon ami J. de Carsalade du Pont appartient presque en

---

(1) L'amitié et la reconnaissance me font un devoir de nommer M. Ferdinand de Serres de Justiniac comme m'ayant signalé le premier les richesses du chartrier de sa famille. Mes lecteurs uniront avec moi les deux frères dans un même sentiment de gratitude.

INTRODUCTION.

entier l'annotation de ces lettres? Les nouveaux venus comme moi dans le domaine de l'histoire ne sauraient se passer de son concours. L'obligeance d'ailleurs si connue de notre secrétaire général le livre à ses nombreux amis, et tous l'en remercient avec moi.

Il serait injuste, malgré le rayonnement du nom de Henry IV, de ne pas dire quelques mots des deux Pailhès qui furent ses correspondants.

Nous ne nous attarderons pas à donner des détails sur l'ancienneté et les illustrations de la famille de Villemur-Pailhès. On pourra consulter avec avantage sur ce sujet la généalogie très détaillée donnée par M. le chevalier de Courcelles dans son *Histoire généalogique et héraldique des pairs de France*, t. I.

Le premier des deux gentilshommes qui nous occupent est Jacques de Villemur, fils de Gaspard de Villemur, baron de Pailhès et de Saint-Paul, gouverneur et sénéchal de Foix, et de Rose d'Armagnac, fille naturelle de l'infortuné Jean V. Quoique catholique, il servit fidèlement la reine de Navarre et plus tard le Roi son fils, et, dans ces temps si troublés et si difficiles, sut se concilier l'estime et l'affection de tous les partis. On en trouvera plus d'une preuve dans la correspondance de Henry IV. Les trois lettres suivantes prouvent qu'il fut également estimé de Jeanne d'Albret, de Charles IX et du maréchal de Damville :

Monsieur mon compere, la Royne nostre maistresse, après vous avoir escript la letre que vous envoye par le present pourteur qui vous fera saige de sa volonté, a receu par la poste nouvelles assurées de la paix conclue et arrestée. De quoy, et sachant les approches qui se font par delà, vous ay bien voulu advertir et prier de tacher par tous moiens à la conservation de ses subiectz au comté de Foix, et luy faire entendre le desir qu'avés de continuer à son service. Vous priant encore ung coup de vous porter (comme je sçay que très bien le sçavez faire) en cest endroit et tout aultre le plus doucement que faire se pourra. Quant aux bandolliers Sa Magesté entend qu'ilz soient chassés et punis suivant leurs desertes et merites. Sur quoy, Monsieur mon compere, prie Nostre Seigneur vous maintenir et conserver en sa grace, presentant mes humbles recommandations à la vostre.

De Pau, ce XXIIIe de mars 1562.

Vostre obeissant compere à vous faire service,
BEAUVOIR (1).

Monsieur le baron de Pailhès, j'envoie le s^r de la Ballette par delà pour l'occasion qu'il vous fera entendre, vous priant de le croire de ce qu'il vous dira de ma part, comme si c'estoit moy-mesmes, et l'assister de ce dont il vous requerra pour le bien de mon service. Priant Dieu, Monsieur le baron, vous avoir en sa garde.

Du camp à Tonné-Bouttonne (2), le dernier jour de novembre 1569.

CHARLES.
DE NEUFVILLE (3).

Monsr le baron, d'aultant que le Roy m'a mandé me rendre au devant de Sa M^{té} avec toute la noblesse de mon gouvernement et que je say le zelle et affection que vous avez à son service, oultre le bon voulloir que vous avez en mon endroict, je vous ay bien voullu escrire ceste lettre pour vous prier icelle veue de me venir trouver la part où je seray, le mieulx accompaigné, equippé et armé que vous pourrés. Vous assurant que je porteray tousiours tel tesmoigniage du debvoir auquel vous mectrez, vous en aurés contentement. Estant Sa M^{té} resolue de mectre une fin aus troubles. Faisant croire que vous le ferez, prieray le Createur, Monsieur le baron, qu'il vous donne en parfaicte santé longue vie.

De Tholose, ce XIIIIme decembre 1569.

Vostre entierement bon amy,
H^{ri} MONTMORENCY (4).

(1) Sur le dos : *A Monsieur mon compere, Monsieur de Paillès, lieutenant general pour la Reyne de Navarre au comté de Foix.* Le signataire de cette lettre est Pierre de Roquefort, baron de Beauvoir, gouverneur du prince de Navarre.

(2) Tonnay-Boutonne (Charente-Inférieure).

(3) Sur le dos : *A Monsieur le baron de Pailhès.*

(4) Sur le dos : *A Monsr le baron de Palliès.*

Lieutenant général pour la reine de Navarre au comté de Foix, puis gouverneur du comté par commission du 25 janvier 1566, il reçut le collier de l'ordre de Saint-Michel le 28 février 1570. Pailhès prit une part active aux guerres de religion dans son gouvernement, et s'employa surtout à maintenir l'accord entre les deux partis. Cette ligne de conduite lui fut toujours tracée par son maître, et il n'y faillit pas.

Les détails de sa vie militaire sont relatés dans des ouvrages assez connus pour que nous ne nous appesantissions pas sur eux (1).

Jacques de Villemur mourut au commencement de l'année 1583, laissant de Julienne de Voisins-Montaut (2), qu'il avait épousée le 6 octobre 1537, deux fils, Blaise et Louis.

Blaise de Villemur est le second correspondant de Henry IV. Il succéda à son père dans la charge de gouverneur du comté de Foix, par provision du 25 janvier 1583, et s'en démit peu après à la demande du Roi, cédant aux instances du parti protestant, en faveur de Claude de Lévis, seigneur d'Audou, le farouche huguenot dont le nom reviendra plusieurs fois dans cette publication. Faisant preuve, en cette circonstance, d'un désintéressement dont les exemples furent rares en tous les temps, Blaise n'en continua

---

(1) Voir *passim*, *Hist. du comté de Foix*, par Olhagaray ; *Hist. du comté de Foix*, par Castillon, d'Aspet ; *Annales de Pamiers*, par M. de Lahondès ; *Collection des lettres missives*, etc., par M. Berger de Xivrey, et toutes les sources citées dans les notes qui accompagnent ces lettres.

(2) Fille de Guillaume de Voisins, seigneur et baron de Montaut, en Armagnac, et de Confolens, et de Jeanne de La Roche, et petite-fille du baron de Montaut, dont M. Tamizey de Larroque a publié le *Pèlerinage à Jérusalem*, dans le fascicule IIIe de nos *Archives*.

pas moins à servir son Roi avec le même dévouement, utilisant en faveur de sa cause l'influence que son père et les siens avaient acquise de longue date dans le pays.

Il avait épousé, en 1565, Fleurette d'Armagnac, nièce du cardinal Georges d'Armagnac et arrière-petite-fille de Charles Ier, dernier comte d'Armagnac et frère de Jean V (¹).

Et maintenant, chers lecteurs, pour arriver au bout de ma tâche et mettre fin à votre trop longue attente, il ne me reste plus qu'à remplir le rôle de l'huissier de la chambre. — Me voici debout, grave, le front découvert à l'entrée de la salle du Conseil royal où je vous suppose assemblés.

Le Roi vient... Au bruit de ses pas augustes, j'ouvre toute grande la porte à deux battants, je m'écarte respectueusement et je vous crie : Messieurs... le Roi !

Château de la Hitte, le 8 novembre 1885.

---

(1) On trouvera dans l'ouvrage déjà cité de M. de Courcelles la descendance de la maison de Pailhès.

LETTRES INÉDITES

DE

HENRY IV

A M. DE PAILHÈS

ET AUX CONSULS DE LA VILLE DE FOIX

I.

1576. — 26 OCTOBRE.

Original. — Archives de M. Eugène de Serres de Justiniac, au château de Laborie.

A MONS^R DE PAILLEZ.

SOMMAIRE : Les Bordelais refusent l'entrée de leur ville au roi de Navarre ; — qui va rejoindre à Cognac la Reine-mère et Monsieur ; — il prie M. de Pailhès de l'accompagner.

Monsr de Paillez, encores que la difficulté, qu'ont faict ces jours passez ceulx de Bordeaux de me laisser passer par leur ville, m'ayt donné occasion de retarder mon voiage et m'arrester en ce quartier (1), si est-ce que m'ayant depuis le Roy mon seigneur, la Royne sa mere et Monsieur escript et prié de me rendre à Cognac (2) le plus tôt que je pourray, où ladite dame Royne et

---

(1) C'est pendant son séjour à Agen que le roi de Navarre voulut visiter Bordeaux. Mais le Parlement, effrayé de l'émotion que ce projet avait fait naître dans le peuple, lui envoya une députation pour le complimenter et le prier de ne pas entrer dans la ville. Ce refus le blessa, et l'on peut lire dans l'*Hist. de Bordeaux*, par dom Devienne, la lettre sévère dans laquelle il exprime son ressentiment au Parlement (t. I, p. 174 et t. II, p. 342).

(2) Ce n'est donc pas en se rendant à Cognac, comme l'ont écrit la plupart des historiens et notamment Dupleix et dom Devienne, que le roi de Navarre voulut entrer à Bordeaux.

mon dict seigneur se trouveront, je me suis resolu de faire ledict voiaige et partir pour cest effect lundy prochain de ceste ville. Et d'aultant que je m'asseure de vostre bonne volonté et affection en mon endroit, je vous prie bien fort de m'accompagner en ce dict voiaige et me venir trouver incontinant la presente receue, et vous me ferez ung plaisir duquel j'auray à jamais souvenance pour le vous recognoistre selon le moien que j'en auray, d'aussy bon cueur que je prie Dieu, Monsr de Paillez, vous tenir en sa saincte et digne garde.

D'Agen, le xxvie jour d'octobre 1576 (1).

Vostre bien bon amy,
HENRY.

(Aut.) Je vous prie bien fort de m'acompaigner en ce voyage et me venir trouver par les chemins si vous ne pouvés vous rendre en ceste ville.

II.

1576. — 16 DÉCEMBRE.

Orig. — Arch. de M. Eugène de Serres de Justiniac.

A MON COUSIN, MONS^R DE PAILLYEZ.

SOMMAIRE : Demande à M. de Pailhès d'accélérer le recouvrement des deniers du comté de Foix, et le prie de venir le rejoindre à Agen.

Mon cousin, renvoyant Noël, l'un de mes valletz de chambre, en Foix pour accellerer le recouvrement du don et octroy qui me fut faict aux estatz derniers, je vous prieray bien fort tenir la main de vostre part, vous employer et faire en sorte que je soye promptement secoureu de cest endroit, y disposant ceulx que besoing sera, puis que la necessité de mes finances me presse tellement que j'ayme mieulx prendre sur moy les interestz pour le

---

(1) M. le baron de Mont de Benque conserve dans ses archives une lettre absolument identique à celle-ci, à l'exception du *post-scriptum*, adressée à Antoine de Coussol, seigneur du Blanin, près Aignan, en Armagnac.

temps de l'advance qu'on me fera, qu'attendre davantaige, comme ledit Noel vous fera entendre plus particulierement de ma part. Qui me gardera, veu l'assurance que j'ay de l'affection que vous avez au bien de mon service, de la vous faire plus longue, sinon pour vous dire que vous me le ferez en cela bien relevant et à propos, et pour prier Dieu, mon cousin, qu'il vous ait en sa saincte et digne garde.

D'Agen, le XVIᵉ jour de decembre 1576.

(Aut.) Mon cousin, veue la presente vous me viendrez trouver avec le meilleur equipage et compagnie que porrez (1).

Vostre bien bon cousin (2) et amy,
HENRY.

III.
1577. — 11 JANVIER.

Orig. — Arch. de M. Eugène de Serres de Justiniac.

A MONSᴿ DE PAILHÈS.

SOMMAIRE : Prie M. de Pailhès de demander aux États de Foix un secours de cinq compagnies de gens de pied de cent hommes chacune.

Monsʳ de Pailhès, vous verrez par celle que j'escry aux gens des trois Estatz de mon comté de Foix, les occasions que j'ay de les prier de me secourir pour quatre mois seullement (3), de cinq compagnies de gens de pied, à cent hommes pour compagnie et les deffrayer. Je vous prie les leur presenter de ma part et faire en sorte qu'ilz me facent ce plaisir de m'accorder ceste demande

---

(1) Henry rassemblait des troupes pour reprendre ses places de l'Armagnac et accomplir ces hardis coups de main qui l'ont rendu si populaire en Gascogne. Le premier fait d'armes qui suivit cette lettre fut la surprise d'Eauze, fin décembre 1576.

(2) Rappelons, au sujet de ce titre de *cousin*, ce que nous avons dit dans l'*Introduction*, que le baron de Pailhès était par sa mère, Rose d'Armagnac, petit-fils de l'infortuné Jean V, comte d'Armagnac.

(3) Quatre mois qui allaient être remplis par le siège de Mirande, la prise de Jegun, les affaires de Beaumont-de-Lomagne, du Mas de Verdun et le siège de Marmande.

comme estant la premiere que je leur ay jamais faicte, laquelle ilz trouveront si juste qu'ilz n'en feront, comme je croy, aulcune difficulté ; les asseurant de ma part de l'entiere et parfaicte amytié que je leur porte, et y user de toutes les remonstrances dont vous sçaurez bien adviser, de façon que ma priere me soyt aussy voluntiers accordée que je desire ; et me faire entendre ce que vous y aurez faict le plus tost que vous pourrez. Et me confiant que vous y ferez tout debvoir, je ne vous en feray plus longue lettre que pour prier Dieu vous avoir, Monsr de Pailhès, en sa très saincte et digne garde.

Escript à Agen, ce xie jour de janvier 1577.

Vostre bien bon et afectioné amy,
HENRY.

IV.

1577. — 31 JANVIER.

Orig. — Arch. de M. Eugène de Serres de Justiniac.

A MONSr DE PAILLEZ.

SOMMAIRE : Prie M. de Pailhès de ne pas rechercher le sieur de Brugnac pour un meurtre par lui commis dans la terre de Pailhès et de vivre avec lui en bonne amitié et en bon voisin.

Monsr de Paillez, le sr de Brunhac (1) m'a faict entendre qu'au moys de novembre dernier revenant de nostre ville de Foix passant par vostre terre de Paillez il y auroit eu quelque rencontre, à l'occasion duquel seroit intervenu quelque excès et meurdre à son grand regret et desplaisir n'ayant esté jamais, comme ne vouldroit estre, que vostre bon voysin et affectionné serviteur et desirant se porter pour tel, vouldroit aussy n'estre

---

(1) Il n'existe pas dans le comté de Foix de fief du nom de Brugnac (Brunhac doit se lire Brugnac). Il doit être question du seigneur de Brugnac en Agenais, canton de Castelmoron. On remarquera que la lettre du roi de Navarre est écrite d'Agen. Le titre de « voisin » donné à ce personnage doit s'expliquer par une charge de capitaine ou gouverneur de quelque ville ou château dans le voisinage de la terre de Pailhès.

molesté soubz vostre auctorité. Et à ceste cause m'a supplyé vous en faire ce mot pour vous en prier soubz l'assurance qu'il a que vouldrez faire quelque chose pour moy. Ce que luy ay bien voullu accorder pour le desir que j'ay qu'il demeure en paix et amitié avec vous en sa maison. L'assurance que j'ay que luy ferez ce bien en ma faveur m'empeschera de vous en faire plus longue lettre que pour prier le Createur vous donner, Monsr de Paillès, l'heureuse vye que vous desire.

D'Agen, ce dernier jour de janvier 1577.

Vostre bien bon et assuré amy,
HENRY.

V.

1577. — 19 FÉVRIER.

Orig. — Arch. de M. Eugène de Serres de Justiniac.

A MONSr DE PALLIÈS.

SOMMAIRE : Recommande à M. de Pailhès de faire observer l'édit de pacification dans le comté de Foix. — Le prie de venir à Agen avec ses frères.

Monsr de Palliès, encores que par plusieurs bons effectz et tesmoignages vous m'ayez faict paroistre la bonne affection que vous avez à ce qui touche le bien de mes affaires et que j'en aye pris certaine asseurance, si est-ce que j'y ay esté de plus en plus confirmé par voz bons deportemens aux estatz par vous tenuz en mon comté de Foix tendans à une bonne union entre mes suiectz de l'une et de l'autre religion, ce qui est selon ma bonne et droicte intention que je vous avois declarée tant par lettres que par ma commission, ne desirant que de coupper chemin aux troubles et discordes civiles qui se preparent et consequemment aux miseres dont ne faisons que sortir, mays l'obstination est si grande en noz ennemis et aux violateurs de la paix et foy publicque que nous sommes contrainctz de regarder de plus près que jamais aux moyens de preserver mesdictz suiectz de telles calamitez et miseres et destourner l'orage qui nous menace et les maintenir en une bonne paix et tranquillité soubz l'observation de l'ecdict de paciffication. Ce qui a esté cause de me faire depescher presentement le s^r de La Rocque, gentilhomme de ma chambre (1), pour vous faire plus amplement entendre sur ce mon voulloir et intention et vous prier de tenir la main à ce qu'il y aict ung bon et general consentement par tout mon dict conté pour faire observer ledict edict et s'opposer à ceux qui le voudront alterer ou rompre, estant le seul moien du repos et salut du peuple et de la conservation de l'estat, ensemble pour tous ensemble apporter en une si juste deffense leurs moiens et assistance. Et sur la confiance que j'ay de vous et l'affection que vous avez tousiours et freschement demonstrée evidemment avoir au bien de mes afferes et de l'union de mes dictz suiectz, je ne vous en diray davantage si ce n'est pour prier Dieu vous tenir, Monsr de Palliès, en sa saincte garde.

D'Agen, ce XIXme febvrier 1577.

(Aut.) Monsr de Palliès, d'autant que je desire me servir de vous et de vos freres (2), je vous pry me venir trouver avec l'equippage requis en ce temps.

Vostre bien afectionné et assuré amy,
HENRY.

---

(1) Robert-Arthur de La Roque, un des plus fidèles et des plus dévoués serviteurs du roi de Navarre; son nom revient souvent, et toujours avec éloges, sous la plume de son maître (Voir *passim, Recueil des Lettres missives de Henri IV*. Voir aussi *l'Inventaire de la chambre des comptes de Pau et de Nérac*, arch. des Basses-Pyrénées, série B., *passim*).

(2) François de Villemur de Saint-Paul, époux d'Anne de Carmain, dont le fils Bertrand fut tué au siège de Carla, en 1569, est le seul frère du baron de Pailhès dont le nom soit connu. Nous ne serions pas éloigné de croire que l'emploi du pluriel « *vos frères* » ne fût une erreur. On trouvera un peu plus bas (lettre du 8 mars 1579) cette même recommandation au singulier.

VI.

1577. — 29 MAI.

Orig. — Arch. de M. Eugène de Serres de Justiniac.

A MONS^R DE PAILHÈS.

SOMMAIRE : Remercie M. de Pailhès du soin qu'il prend de ses affaires dans le comté de Foix.

Monsr de Pailhès, ayant la commodité de vous escripre par ce porteur, j'ay bien voullu vous remercyer de la peyne que vous prenez chacun jour en tout ce qui se presente pour le bien de mes affaires de dela, ainsy que le s^r de La Rocque m'a plusieurs fois escript et que Vauselles m'a bien sceu dire de bouche. Je vous prye de continuer, et ne vous lasser non plus à me faire plaisir que moy à le recongnoistre, en tout ce que j'auray de moyen et que me vouldrez employer, ainsy que led. Vauselles, que j'ay envoyé aulx champs pour aulcuns miens affaires, vous fera plus particulierement entendre de ma part, lorsqu'il sera de retour en Foix. Cependant je vous prieray faire estat de mon amityé, et le Createur vous donner, Monsr de Pailhès, l'heureuse vye que vous desire.

Escript à Bergerac, le xxixe may 1577.

Vostre bien afectionné et assuré amy,
HENRY.

VII.

1577. — 13 JUIN.

Orig. — Arch. de M. Eugène de Serres de Justiniac.

A MONS^R DE PAILHÈS.

SOMMAIRE : Prie M. de Pailhès de continuer à avoir soin de son comté de Foix.

Monsr de Pailhez, s'en retournant Vauzelles en mon compté de Foix pour mes affaires, je luy ay commandé vous dire de mes nouvelles et vous prier de ma part de continuer d'avoir mesd. affaires en telle recommandation que vous avez eu cy-devant, et de croire qu'en tous les endroictz où j'auray moien de vous faire plaisir vous n'aurez jamais ung meilleur amy que moy, qui en ceste volonté prye le Createur vous donner, Monsr de Pailhès, l'heureuze vye que vous desire.

Escript à Agen, ce XIIIe juin 1577.

Vostre bien afectionné amy,
HENRY.

VIII.
1577. — 8 AOUT.

Orig. — Arch. de M. Eugène de Serres de Justiniac.

A MONS^R DE PAILHÈS.

SOMMAIRE : A résolu d'envoyer le sieur de La Roque à la cour, et prie M. de Pailhès de favoriser son voyage.

Monsr de Pailhès, j'escry au s^r de La Rocque, mon chambellan, me venir trouver la part que je seray, ayant deliberé l'envoyer à la court pour le bien de mes affaires et service, incontinent qu'il sera de retour de mon conté de Foix, où il est de present. Et afin qu'il puisse passer avec plus de seureté je luy ay faict expedier ung passeport et ung autre de monsieur de Montpensier, mon oncle, que je luy envoye. Toutesfoiz je ne lairray de vous prier de luy assister de voz moyens et luy faire en cela tous les plaisirs que vous pourrez, de faczon qu'il puisse par vostre moyen arriver la part que je seray dedens le temps que je luy escry. L'asseurance que j'ay de vostre bonne volunté m'empeschera de ne vous en faire plus longue lettre que pour prier Dieu voùs donner, Monsr de Pailhès, l'heureuze vye que vous desire.

De Bergerac, ce VIIIe d'aoust 1577.

Vostre bien afectionné et assurré amy,
HENRY.

IX.

[1578. — FIN AOUT.]

Orig. aut. — Arch. de M. Constant de Subra-Saint-Martin : publ. par M. de Lahondès dans les *Annales de Pamiers*, t. II, n. 442.

A MONS^r DE PALIÈS.

SOMMAIRE : Arrivée prochaine de la Reine-mère et de la reine de Navarre. — M. de Pailhès doit se tenir prêt à venir les rejoindre en bon équipage.

Monsr de Paliès, parce que la Royne est desià partye de Chenonceaux pour s'achemyner par deçà et m'amener ma fame (1), je vous ay bien voulu fayre la presente pour vous pryer de vous tenir prest pour me venyr accompagner en bon equipage et amener vos grans chevaux pour courir la bague (2). Lorsqu'il sera temps de partyr je vous avertyray. Ce pendant vous ferés tousiours estat de moy comme de celuy qui est

Vostre meilleur et plus afectionné amy (3),

HENRY.

(1) La Reine-mère avait quitté Paris à la fin du mois de juillet, accompagnant en Gascogne sa fille Marguerite qu'elle ramenait au Roi son mari. Elle arriva à Chenonceaux le 6 août et en repartit le 11 pour aller coucher à Tours (Comptes des dép. de la reine Marguerite).

(2) On sait comment l'arrivée des deux reines et de leur suite transforma la cour du roi de Navarre en une véritable *cour d'Amour;* on y passait le temps aux jeux, aux fêtes, aux bals, aux galanteries de toutes sortes. La Reine-mère arrivait avec cet essaim de jeunes femmes d'une élégance et d'une coquetterie extrêmes, que l'on avait surnommé *l'escadron volant* parce qu'elle les avait pour ainsi dire enrégimentées et qu'elle les menait avec elle partout où elle voulait accroître, par leurs séductions, les ressources de sa diplomatie. Agen, Nérac, Auch, etc., furent tour à tour les témoins de leurs... faits d'armes.

(3) Cette lettre n'est pas datée, mais la mention du départ des reines de Chenonceaux 11 août, permet de croire qu'elle a été écrite de Montauban, vers le 20 du mois d'août. Le roi de Navarre passa tout le mois d'août à Montauban. Voir dans le t. VIII des *Lettres missives de Henry IV*, p. 122, une lettre à peu de chose près semblable à celle-ci, datée de Montauban, le 19 août 1578, adressée à M. de Carbonnière de Jayac. Voir aussi t. I, p. 191.

X.

1578. — 5 SEPTEMBRE.

Orig. — Arch. de M. Eugène de Serres de Justiniac.

A MONS^R DE PALLIÈS.

SOMMAIRE : Prie M. de Pailhès de venir le rejoindre à Nérac, pour de là aller avec lui à la rencontre de la Reine-mère et de la reine de Navarre.

Monsr de Paillez, je vous ay escript et prié ces jours passez de me venir trouver le dix^e de ce mois à Nerac, pour m'accompaigner au recueil de la Reyne mere et de ma femme, qui me viennent trouver (1); et pour ce qu'elles sont desjà à cinq ou six journées d'icy je pars demain au matin et m'en vay droict à Nerac, où je vous prie de vous rendre le xiime de ced. mois pour le plus tard, vous asseurant que je n'oublieray jamais le plaisir que m'aurez faict en ceste occasion. Et m'asseurant de vostre bonne volonté, je prieray Dieu, Monsr de Paillez, vous donner sa saincte grace.

A Montauban, le ve jour de septembre 1578.

Vostre bien bon amy,
HENRY.

(1) Le but apparent du voyage de la Reine-mère était de réunir Marguerite à son époux. Mais en réalité elle s'était mise en route la tête pleine de ces projets machiavéliques dans lesquels avait toujours consisté sa politique. Ce qui occupait son esprit en ce moment était la conclusion d'un nouveau traité de paix avec les réformés, ou mieux l'interprétation du précédent édit de pacification. Les Reines entrèrent à Bordeaux, le 18 septembre, et, quelques jours après, à la Réole, le 2 octobre, où elles furent reçues par le roi de Navarre, accompagné de six cents gentilshommes.

XI.

1578. — 8 OCTOBRE.

Orig. — Arch. de M. Eugène de Serres de Justiniac.

[COMMISSION
ADRESSÉE PAR LA REINE-MÈRE, CATHERINE DE MÉDICIS, AU SEIGNEUR
DE PAILHÈS POUR PACIFIER LES TROUBLES QUI ÉTAIENT EN GUIENNE
ET DANS LES PROVINCES VOISINES; DANS LE MÊME BUT, LE ROI
DE NAVARRE NOMMA LE SIEUR DU SOULÉ] (1).

La Royne mere du Roy, sçaichant et congnoissant très-bien que le plus grand desir dudit sieur Roy son fils a tousjours esté et est de veoir tous ses peuples et subjetz en repos et son Edit de paciffication bien estably en toutes les provinces de son roiaulme, entre lesquelles ladite dame Royne mere du Roy a estimé que la Guyenne et les autres provinces de deçà estoient des plus importantes, et pour ceste occazion, avec le bon desir qu'elle a aussi tousjours eu de veoir le roy et la royne de Navarre ses enffans ensemble, icelle dame Royne, sans avoir esgard à son aage, à l'incommodité du temps et longueur du chemin, pour l'amour maternelle qu'elle a aus dits Roys et Roynes, ses enffans, jointe à la grande affection qu'elle porte au bien et grandeur de ce royaulme, pour l'obligation et parfaicte amour qu'aussy elle y a, a voullu, par le consentement d'icelluy sieur Roy son fils, faire ce voiage en Guienne, s'asseurant que tous les peuples et subjetz de deçà considerans la vraie bonté et affection de leur Roy en leur endroict et l'extresme desir qu'il a de les conserver et maintenir tous en paix, repos et union, avec le grand zelle conjoinct à ceste bonne et saincte intention de la dite dame Royne sa mere les amenera et reduira tous de l'une et de l'autre religion, non seullement en son entiere obeissance, comme ilz doibvent, mais aussy en toute parfaicte paix et union les ungs avec les autres, selon son dit Edit de paciffi-

---

(1) Document transcrit et communiqué par M. Félix Pasquier, archiviste de l'Ariège.

cation, et que chacun se conformera et rangera à l'execution et establissement d'icelluy, en suivant les sainctes intentions de Leurs dites Majestez et celle du sieur roy de Navarre, que icelle dame Royne mere du Roy a trouvé, en l'ambouchement qu'elle a eu avec luy en la ville de la Reolle, bien disposé, très-affectionné et du tout conforme à l'intention de Leurs dites Majestez et au bien de ladite paix, comme aussy estant le plus grand de tous ses desirs de la veoir bien establie ; et pour l'execution desquelles bonnes et sainctes intentions, conformes au dit Edit de paciffication, la dite dame Royne mere du Roy, aiant tout pouvoir du dit sieur Roy, nostre souverain seigneur son filz, a, de sa part, commis, ordonné et deputé le sieur de Pailletz.

Et le dit sieur roy de Navarre, tant pour luy que pour ceulx de la Religion Pretendue Reformée, et comme gouverneur et lieutenant general du Roy en ce païs de Guyenne, a aussy commis et depputé le sieur du Soleil (1) pour et avec le dit sieur de Pailletz, incontinant et conjoinctement, faire ce qui sera cy après declaré, affin de vacquer et pourvoir non seullement à ce qui a esté interrompu, innové ou faict au prejudice dudit Edit de paciffication, mais aussy pour tout ce qui est requis et necessaire en l'execution et establissement d'icelluy ès places et lieux occupés depuis l'Edit.

Premierement.

1) Feront publier à son de trompe et cry publicq l'observation de l'Edit de paciffication avec deffences à toutes personnes de quelque qualité et condition qu'ilz soient, de ne s'entrenuire ny offenser, tenir les champs, prendre prisonniers ny faire autres actes d'hostilité, ains vivre en paix, repos et union les ungs avec les autres.

2) Ilz feront aussy eslargir franchement et quictement tous

(1) Pierre de Sieuras, seigneur du Soulé et de Gaujac, gentilhomme de la chambre du roi de Navarre et gouverneur pour ce prince du pays « delà l'Ariège » (Olhagaray, *ibid.*, p. 642), fut un des partisans les plus ardents de la Réforme dans le comté de Foix, et un des principaux acteurs dans les troubles qui ensanglantèrent ce pays (Voir tous les historiens du comté de Foix, déjà cités, et la *Collect. des Lettres missives de Henry IV*).

prisouniers prins par la dite forme d'hostillité; feront cesser toutes autres innovations contre et au prejudice de l'Edit de paciffication.

3) Et par mesme moien, ès lieulx où les dites innovations ont esté faictes, feront entierement et de poinct en poinct executer, observer et garder le dit Edit de paciffication selon sa forme et teneur.

4) Ilz feront vuider ceulx qui occupent aulcunes places et lieulx, depuis et au prejudice du dit Edit de paciffication, les faisant conduire en toute seureté en leurs maisons ou en telz autres lieulx que les dits occupateurs vouldront eslire, pourveu que ce ne soit ès villes et lieux occupez depuis la publication de l'Edit de paciffication, sans que ceulx d'icelles villes et lieux qui les recepvront en puissent estre aulcunement recherchez ors ny à l'advenir.

5) Et en cas qu'il y en eust de ceulx qui occupent les dites places et lieux qui ne voulussent obeir et incontinant en vuider, les ditz sieurs de Pailletz et du Soleil leur notiffiront et declareront d'une part et d'autre qu'ilz ont esté et sont desavouez et, pour ceste cause, sera procedé contre eulx conjoinctement par ceulx de l'une et de l'autre Religion, en sorte que la force et auctorité en demeurent au Roy, eulx pugniz selon leurs demerités et l'intention de ce que dessus suivie et executée.

Entendant toutesfois la dite dame Royne mere du Roy et le dit sieur roy de Navarre que, suivant ce qui a esté accordé entre eulx, les ditz sieurs de Pailletz et du Soleil executent ce que dessus sur les villes et lieux occupez par ceulx de l'une et l'autre religion et, comme l'on dict, en faisant faisant.

Faict a S^{te} [Baze]ille (1), le VIIIe jour d'octobre 1578.

CATERINE.
Pinart.

---

(1) On ne distingue que les lettres suivantes: *S^{te} ... ille.* Il doit s'agir de *Sainte-Bazeille*, chef-lieu de canton de l'arrondissement de Marmande (Lot-et-Garonne). Le roi de Navarre et les Reines séjournèrent à la Réole du 2 au 7 octobre. Ils en repartirent le 8 au matin, pour aller coucher sans doute à Sainte-Bazeille, sur la route d'Agen.

XII.

1578. — 13 OCTOBRE.

Orig. — Arch. de M. Eugène de Serres de Justiniac.

[LA REINE-MÈRE] A MONS^R DE PAILLETZ.

SOMMAIRE: Lui annonce qu'elle l'a choisi pour veiller à l'exécution des instructions renfermées dans la Commission précédente et qu'elle espère qu'il s'en acquittera de point en point.

Monsieur de Pailletz, sçaichant la grande affection que vous avez au bien du service du Roy monsieur mon fils, et au repos publicq de ce royaume, je vous ay choisy pour et de la part du Roy mondit s^r et filz executer le contenu es instructions qui vous sont presentement addressées et au sieur du Soleil (1) pour la part de mon filz le roy de Navarre, tant en son nom que de tous ceulx de la religion pretendue reformée, comme il escript par les lettres que je vous envoie qui seront encloses en ce pacquet addressantes audit s^r du Soleil, auquel je vous prie les faire tenir et luy communicquer lesdictes instructions, qui seront aussy avec ceste-cy encloses en ce pacquet, suivant lesquelles je vous prie de très-bon cœur de faire, et ledit sieur du Soleil avec vous conjoinctement et l'un avec l'autre, en sorte que le contenu es dites instructions soit promptement par vous deux ensemblement executé en Foix et par ung chascun des subiectz du Roy mondit s^r et filz, soit de l'une ou de l'autre religion observé et gardé de poinct en poinct, et s'il s'y trouvoit quelque empeschement, qui ne sçauroit estre que par gens desadvouez et perturbateurs du repos publicq, qui occupassent quelzques villes, chasteaulx ou lieux, après leur avoir faict faire les commandemens et ce qui est porté par la dicte instruction, il fault suivant icelle les y contraindre et pour cest effect joindre ceulx de l'une et de l'autre religion, et faire en sorte que l'auctorité en demoure au Roy mondict s^r et filz et que le contenu esdictes instructions soit de poinct en poinct faict et executé promptement sans y rien obmettre, mais y faire tout ce qui y

---

(1) Voir le document précédent.

est requis, et que tous les gens de bien doibvent desirer, comme aussy suis-je très asseuré que vous faictes de vostre part et ledict s^r du Soleil aussy. Qui me gardera de vous faire ceste-cy plus longue; me remectant ausdictes instructions signées de mon dict filz le roy de Navarre et de moy, qui vous prie de rechef que sans tarder vous y satisfaites promptement tous deux et m'advertissez incontinant après de tout ce que en aurez faict, faisant faire ung procès-verbal de tout ce qui se passera en cela, et vous ferez très grand service au Roy mondict s^r et filz et à moy aussy, qui luy ay mandé comme estiez deputé pour cest effect audict Foix, où je sçay que vous et ledit s^r du Soleil avez auctorité, priant Dieu, Monsr de Pailhetz, vous avoir en sa saincte et digne garde.

Escript à Agen (1), le XIIIme jour d'octobre 1578.

CATERINE.
PINART.

Monsr de Pailletz, je vous prie de faire seurement tenir au sieur du Soleil la depesche de mon dit filz le roy de Navarre, et regardez d'accorder avec luy du jour et lieu que vous pourrez vous trouver ensemble, et vacquer à la charge qui vous est à vous et à luy donnée.

XIII.
1578. — 30 OCTOBRE.

Orig. — Arch. de M. Eugène de Serres de Justiniac.

[HENRY III] A MONS^R DE PAILLETZ.

SOMMAIRE : Lui écrit qu'il approuve pleinement le choix que la Reine-mère a fait de lui pour pacifier le comté de Foix, et le prie de s'employer à faire jouir tous les habitants du comté du bénéfice de l'édit de pacification.

Monsr de Pailletz, la Royne madame ma mere m'a mandé qu'ayant cy-devant arresté avec mon frere le roy de Navarre

(1) Nous avons dit que les Reines étaient arrivées à la Réole le 2 octobre. Elles en repartirent le 7 pour Agen. Ce fut là que parmi les fêtes, les bals et l'amour, on commença à débattre les conditions d'une complète pacification. Il

d'envoyer et commettre de part et d'aultre certains personnages pour faire restablir par tout ce qui a esté innové et attenté contre mon edit de paciffication depuis la publication de icelluy, vous avez esté esleu et commis de ma part par elle pour faire cest office en Foix. De quoy vous ayant icelle advertye, ainsy qu'elle m'a mandé qu'elle a faict, et de celluy qui se doibt rendre aud. pays de la part de mon dict frere (1) et envoyé amples memoires de ce que vous avez à faire pour ce regard, je m'assure que vous n'aurez failly d'en embrasser vifvement l'execution tant pour satisfaire à ses commandementz que pour le bien de mon service. Touttesfoys j'ay bien voullu vous thesmoigner par la presente que vous ne me sçauriez faire service plus agreable que d'accomplir et effectuer ce que la Royne ma dicte dame et mere vous a faict sçavoir et ordonné sur ce subgect, affin de randre mes subgectz paisibles joyssans du benefice de mond. edict de pacification qui est la chose du monde que j'ay plus à cueur. Doncques je vous prie vous y employer de façon que j'en recoipve l'effect que je desire pour le soulagement de mes dictz subgectz et pour mon contantement. Advertissant tousjours la Royne ma dicte dame et mere et moy aussy de ce qui s'en ensuivra. Et je prieray Dieu qu'il vous ayt, Monsr de Pailletz, en sa garde.

Escript à Dolinville (2), le xxxe jour d'octobre 1578.

HENRY.

DE NEUFVILLE.

fut d'abord arrêté que de part et d'autre on rétablirait les choses telles que les avait laissées le dernier édit de pacification. Nous avons vu (docum. n° XI), que deux commissaires avaient été choisis à cet effet pour le comté de Foix, l'un catholique, le baron de Pailhès, l'autre protestant, le sieur du Soulé. Cette lettre, celle qui suit, et la *Commission* qui les précède, se rapportent à ce fait.

(1) Voir une note à la fin de la lettre précédente. Pailhès représentait le roi de France et le parti catholique, et le sieur du Soulé, le roi de Navarre et le parti protestant. Chacun de son côté devait travailler à réconcilier les deux partis, et à leur faire accepter et observer le dernier édit de pacification.

(2) Ollainville, près Arpajon (Seine-et-Oise).

XIV.

1578. — 5 NOVEMBRE.

Orig. — Arch. de M. Eugène de Serres de Justiniac.

A MONS^R DE PAILHÈS.

SOMMAIRE : Prie M. de Pailhès de venir le rejoindre à Mauvezin pour aller retrouver la Reine-mère et la reine de Navarre.

Mon cousin, sy j'ay esté bien accompaigné à la reception et recueil des Reynes (1), je ne desire pas l'estre moings maintenant que je m'en vay les retreuver (2), et faisant estat certain et asseuré de vostre affection, je vous ay voleu prier par ceste-cy de me venir treuver dans le xi° ou doutziesme de ce moys à Mauvesin (3), où je me rendray infaliblement, et croire que vous ne me sçauriés faire plaisir mieulx à propos ny duquel je me souvienne et essaye à me revencher plus volontiers. Priant sur ce le Createur, mon cousin, vous tenir en sa garde.

De Nerac, ce v^e novembre 1578.

Vostre bien bon amy et affectioné cousin,
HENRY.

(1) A La Réole, les 2, 3, 4, 5 et 6 octobre.
(2) La Reine-mère et la reine de Navarre avaient quitté Agen après le 13 octobre pour se rendre à Montauban où les députés des églises s'étaient réunis pour discuter les propositions de paix. De là, les Reines allèrent à Toulouse, où elles firent leur entrée solennelle le 28 octobre. Elles en repartirent le cinq pour aller à l'Isle-Jourdain et reçurent, en passant à Pibrac, une magnifique hospitalité dans le château du chancelier. C'est à l'Isle-en-Jourdain que le roi de Navarre, accompagné d'une foule de gentilshommes, vint les prendre pour les conduire à Auch, où elles firent entrée solennelle le 20 et le 21 novembre. Voir dans les *Annales* de Lafaille le récit de l'entrée à Toulouse, et dans l'*Hist. de la Gascogne* de Monlezun, t. v, le récit de l'entrée à Auch.
(3) Mauvezin, chef-lieu de canton (Gers). Le roi de Navarre était dans cette ville le 16. Voir *Itinéraire de Henry IV*.

XV.

1579. — 8 MARS.

Orig. — Arch. de M. Eugène de Serres de Justiniac.

A MONSʳ DE PALHEÈS.

SOMMAIRE : Conférence de Nérac et conclusion de la paix. — Le roi de Navarre projette de se rendre à l'Isle-Jourdain et au comté de Foix; prie M. de Pailhès d'aller le rejoindre au passage de la Garonne et d'amener son frère.

Monsʳ de Pailhès, les articles de la conferance ont eu si bonne yssue que la paix a esté arrestée et publiée quelques jours y a en ceste ville (1), qu'est cause qu'en brief j'espere m'acheminer vers ma ville de l'Isle en Jourdan et de là en ma comté de Foix (2). De quoy j'ay bien voulu vous advertir et prier de me venir trouver au passage de la riviere de Garonne, où je pense estre vendredy ou sabmedy prochain aydant le Createur, auquel je prie, Monsʳ de Pailhès, vous avoir en sa saincte et digne garde.

A Nerac, ce VIIIᵉ de mars 1579.

Vostre bien bon amy,
HENRY.

(Aut.) Vous menerés avec vous vostre frere (3).

---

(1) Les conférences de Nérac entre Catherine de Médicis, le roi de Navarre, la reine Marguerite et le chancelier Pibrac préparèrent la paix, qui fut signée dans cette ville le 20 février 1579. On sait que les articles de cette paix furent très favorables aux protestants, grâce aux charmes irrésistibles de la reine de Navarre qui firent perdre un peu la tête à Pibrac.

(2) Le roi de Navarre se rendit dans le comté de Foix au mois d'avril suivant. Voir *Itinéraire de Henri IV*.

(3) Voir *post-scriptum* de la lettre du 19 février 1577.

XVI.

1579. — 5 AVRIL.

Orig. — Arch. de M. Eugène de Serres de Justiniac.

[LA REINE-MÈRE] A MONS^R DE PAILLETZ.

SOMMAIRE : Prie M. de Pailhès de prendre « la charge » de la ville de Saverdun que le sénéchal de Toulouse et MM. de Fontenilles et de Villambits doivent faire remettre entre ses mains.

Monsr de Pailletz, les sieurs seneschal de Tholose (1), de Fontenilles (2) et de Villambis (3) s'en vont par mon commandement à Saverdun pour le faire mectre en voz mains, ainsi que je vous ay escript et que en este advisé; vous priant faire ce service au Roy monsieur mon filz et à moy de accepter la charge desdictes villes (4); ce ne sera que pour bien peu de temps (5), ainsi que vous ay escript et que vous feront encore plus amplement entendre lesd. sieurs seneschal, de Fontenilles et Villambist. Ausquelz et à chascun d'eux me remectant, je n'estendray ceste-cy que pour prier Dieu, Monsr de Pailletz, vous avoir en sa saincte garde.

Escript à Tholose (6), le ve d'avril 1579.

CATERINE

PINART.

(1) François de La Valette-Parisot, baron de Cornusson, sénéchal de Toulouse depuis l'année 1571. Voir dans l'*Hist. généal. des Pairs de France*, par M. de Courcelles, une excellente notice sur ce neveu du célèbre grand-maître de l'Ordre de Malte, Jean de La Valette-Parisot. On peut appliquer à aussi juste titre au neveu ce que Philippe II d'Espagne disait de l'oncle : *Plus quam valor Valetta valet.*

(2) Philippe de La Roche, baron de Fontenilles.

(3) Paul de Soréac, seigneur de Villambits, en Bigorre, l'un des *quarante-cinq Gascons de Henry III*. Voir sa notice dans le fascicule IV de nos *Archives historiques, Les Huguenots en Bigorre*, p. 14.

(4) Le soin que la Reine-mère prenait à s'assurer de la ville de Saverdun s'explique par le dessein qu'elle avait d'y fixer sa résidence pendant son séjour dans le comté de Foix. C'est, en effet, dans cette ville qu'elle se logea, tandis que le roi de Navarre prit ses quartiers à Mazères (Olhagaray, *ibid.*, p. 651).

(5) Voir la lettre suivante, note 2.

(6) On remarquera que cette lettre est écrite de Toulouse et que par conséquent Lafaille, dans ses *Annales de Toulouse*, t. II, p. 358, et tous ceux

XVII.

1579. — 9 AVRIL.

Orig. — Arch. de M. Eugène de Serres de Justiniac.

A MONS^r DE PAILHÈS.

SOMMAIRE : Prie M. de Pailhès de se mettre dans la ville de Saverdun et de la conserver.

Monsr de Pailhès, je vous ay escript par mes dernieres lettres et pryé de vous mettre en la ville de Saverdun (1) et la conserver jusques à ce que la Reyne mere du Roy mon seigneur et moy soions par delà et qu'il en sera ordonné par Sa Ma^{té} (2). Je vous en prye encores ung bon coup et croire que vous n'aurez jamais de meilleur amy que moy, qui en ceste volunté prye Dieu vous donner, Monsr de Pailhès, l'heureuse vie que vous desire.

De Lisle en Jordain, le ixme avril 1579.

Vostre bien afectionné et assuré amy,
HENRY.

---

qui l'ont suivi, ont eu tort d'affirmer que Catherine de Médicis, en quittant la Gascogne, se rendit « en Languedoc, par le païs de Foix, sans passer par « Toulouse ». A moins que l'on ne suppose que le secrétaire Pinart, muni d'un blanc-seing, ait transmis de Toulouse les ordres donnés au préalable par sa maîtresse.

(1) La ville de Saverdun avait été surprise par les catholiques le 13 février 1579, grâce à « un garnement de sargent suborné par un prestre fugitif « de la ville » (Olhagaray, *ibid.*, p. 651. — *Hist. du Languedoc*, t. v, p. 372). Les protestants chassés de la ville jetèrent les hauts cris contre cette infraction à la paix, et tout le parti mis en émoi chercha une revanche. Il la trouva à Marciac, qui fut surprise par le baron de Lons, le 23 février 1579, et enlevée d'assaut malgré la défense de Jean d'Antras, son gouverneur (voir *Mém. de Jean d'Antras*, p. 83). Après la conclusion du traité de Nérac, le roi de Navarre, voulant exécuter dans tout son contenu l'édit de pacification, fit rendre Marciac aux catholiques et Saverdun à ceux de la religion, « parce que ces places », est-il dit dans l'ordonnance rendue à ce sujet, « ont été prinses en temps de trefve « et de paix et contrairement au dernier edit » (mai 1579) (Collect. Doat, t. III, p. 301).

(2) Tant que la Reine-mère séjourna à Saverdun, Pailhès commanda dans la ville (voir la lettre précédente). Mais après son départ, le roi de Navarre en confia le gouvernement à Germain de Miglos, baron de Cubières.

XVIII.

1579. — 12 SEPTEMBRE.

Orig. — Arch. de M. Eugène de Serres de Justiniac.

A MON COUSIN MONS^R DE PAILHÈS.

SOMMAIRE : Reprise des hostilités. — Les protestants s'emparent de Saint-Lizier et menacent La Bastide-de-Sérou. — Le roi de Navarre ordonne à M. de Pailhès de venir en aide à M. d'Audou pour les déloger.

Mon cousin, la contravention aux ecdictz du Roy mon seigneur puis nagueres faicte, comme j'ay entendu, par aucuns se disans de la relligion, lesquelz sans commandement ny adveu se sont saisiz de la haulte ville de Sainct-Lezer (1) et davantaige ont voullu attempter à ma maison et chasteau de La Bastide de Ceron (2), est cause que j'ay incontinant depesché vers mons^r d'Audo (3) luy envoyant pouvoir suivant celluy qu'il a pleu à Sa Magesté me donner pour les aller faire desloger soit de gré

(1) Saint-Lizier-de-Couzerans. Notre excellent collègue, M. le baron de Bardies, publiera prochainement dans nos *Archives* une série de documents sur les guerres de religion dans le Couzerans, et notamment l'enquête faite sur les ravages des huguenots dans le diocèse de Saint-Lizier. Nos lecteurs y trouveront des détails sur la prise de Saint-Lizier.

(2) La Bastide-de-Sérou était une des seize chatellenies du comté de Foix. Son château-fort fut démoli par un ordre de Richelieu, signé à Toulouse, le 28 octobre 1632, deux jours avant la mort du duc de Montmorency! (*Annales de Pamiers*, par M. de Lahondès, t. II, p. 122).

(3) Jean-Claude de Lévis-Léran, seigneur d'Audou et de Belesta, fils cadet de Germain de Lévis, seigneur de Léran, et de Marie d'Astarac-Fontrailles, fut le plus fougueux, le plus terrible, le plus indomptable chef des religionnaires dans le comté de Foix. Un auteur contemporain, Lascazes, a écrit de lui « qu'en « fronçant le seul sourcil il se rendoit en telle sorte redoutable qu'il faisoit « trembler les plus resolus en leurs desseins » (*Relation des troubles religieux dans le pays de Foix*, ch. XXX). Cette terreur qu'inspirait Audou est demeurée légendaire et défraye les veillées aux bords de l'Ariège. Aujourd'hui encore, pour effrayer les enfants, on crie après eux : *Audou! Audou! gare le loup!* (*Hist. du pèlerinage de Notre-Dame du Val-d'Amour* (Ariège), par M. l'abbé Doumenjou). Il débuta dans la vie militaire, en 1567, par l'incendie de l'abbaye de Boulbonne et la défense du château de Léran, où il fut blessé. Ces deux hauts faits le portèrent tout de suite à la tête de son parti. Pendant trente ans, il fit trembler le pays sous son bras de fer. Toujours sous les armes, payant de sa personne et au premier rang, en Languedoc, en Foix, en Couzerans, en Comminges, au-delà de la Loire, partout où la Cause l'appelait, prodigue de son sang, plusieurs fois vaincu mais jamais abattu, insensible à tout, même

ou avecques toutes les forces qu'il pourra assembler se saisir de leurs personnes pour en estre faict pugnition exemplaire comme infracteurs de l'ecdit de pacification et perturbateurs du bien et repos publicq. Et saichant le moyen que vous avez de le secourir affin que le Roy et la justice en demeurent les maistres, je vous ay voullu escripre et prier le voulloir ainsi faire et l'assister en tout ce qu'il aura besoing de vostre secours et faveur pour effectuer la charge que je lui ay commise, car oultre ce que vous ferez service bien agreable à Sa Magesté vous me ferez ung singulier plaisir pour le desir que j'ay que ses subjectz vivent en paix et son ecdict entretenu, priant Dieu, mon cousin, vous tenir en sa saincte garde.

De Nerac, ce XIIme jour de septembre 1579.

Vostre bon cousin et asseuré amy,
HENRY.

XIX.

1581. — 4 MARS.

Orig. — Arch. de M. Eugène de Serres de Justiniac.

A MONS^R DE PAILLEZ, GENTILHOMME ORDINAIRE DE MA CHAMBRE.

SOMMAIRE : Les habitants de Foix se plaignent du s^r de Brenieu, cap. du château. MM. de Pailhès et de Scorbiac devront informer sur ces plaintes.

Monsr de Paillez, les habitans de ma ville de Foix et vallée de Bargullieres (1) m'ont faict plusieurs plainctes contre le s^r de

---

à l'ingratitude des siens, il fut l'âme de son parti, le bras droit du roi de Navarre, et l'on peut dire que la Réforme n'eut pas dans le comté de Foix de plus grand homme de guerre ni de meilleur défenseur. Les historiens du comté de Foix (Lascazes, Olhagaray, Castillon, de Lahondès), les bénédictins dans l'*Hist. du Languedoc*, Lafaille dans les *Annales de Toulouse*, Jacques Gaches dans ses *Mémoires* et les MM. Haag dans la *France protestante*, ont relaté les détails de sa vie militaire. En 1583, le roi de Navarre demanda à M. de Pailhès la démission de sa charge de lieutenant général au comté de Foix pour la donner à Audou. Voir l'introduction. Nous reparlerons de lui un peu plus loin.

(1) M. Pasquier, archiviste de l'Ariège, nous transmet sur cette belle vallée, bien connue des touristes et des promeneurs fuxéens, les détails suivants:

Brenyeu, capp^{ne} de mon chasteau de Foix (1), qui entend se justiffier d'icelles comme faulses et calomnieuses, ayant sur ce ordonné qu'il en seroyt informé. Et pour cest effect je vous ay eleu avec le s^r de Scorbiac que connoissez, conseiller de la chambre de Languedoc (2), comme personnaiges affectionnez au bien, à l'equité et justice, et quy y procederont sans passion. A ceste cause je vous prie, Monsr de Paillez, attendu la consequence et que je ne veulx que mes subiectz soyent oprimez ny que l'honneur d'ung gentilhomme tel que led. s^r de Brinyeu (3) soyt interessé à tort, proceder d'office à lad. information avec led. s^r de Scorbiac, comme il est porté par ma commission que je vous envoye à tous deux, et ce par tesmoings qui soyent d'apparence et

« La Barguillère est une vallée située au sud-ouest de Foix, traversée par le
« ruisseau de l'Arget qui se jette à Foix dans l'Ariège. Elle dépendait du
« consulat de Foix ; actuellement encore, les communes qui s'y trouvent
« sont syndiquées pour l'exploitation des montagnes. Les principales localités
« sont : Serres, Bénac, Garrac, Brassac, Saint-Pierre, Le Bosc, Cos, Saint-Martin-
« de-Caralp. C'est un pays d'industrie métallurgique et forestière. Les pâturages
« constituent aussi une source de richesse. Dès le XIe siècle il est question de ce
« pays : *Vallis Agulhera* » (Voir dans le *Musée des Archives départementales*
une charte de l'an 1304, publiée par notre savant correspondant).

(1) Jacques de Brenieu, seigneur de Brenieu en Vivarais, avait été nommé capitaine du château de Foix au mois de mars 1580, à la place de Jean de Serres, successeur de Pierre de Roquefort, seigneur de la Hille, *alias* l'Isle. A peine installé dans sa charge, il se porta à des excès qui soulevèrent contre lui les catholiques de Foix. La destruction de l'église de Notre-Dame de Montgausi mit le comble à leur irritation. Ils se réunirent en assemblée publique, présidée par le syndic de la ville, assisté des consuls en grande livrée, et après avoir rédigé leurs plaintes en forme de requête, ils nommèrent quatre des principaux d'entre eux pour la porter au roi de Navarre (*Hist. du comté de Foix*, par Castillon, t. II, p. 279). C'est au reçu de cette plainte, que le Roi écrivit cette lettre à Pailhès. Nous dirons plus bas quelle fut la suite de cette affaire.

(2) Jean-Guichard de Scorbiac, conseiller au parlement de Toulouse, conseiller du roi de Navarre et maître des requêtes ordinaires de son hôtel, fut membre protestant de la chambre mi-partie du Languedoc. Le conseiller de Scorbiac était de Montauban.

(3) Brenieu était gentilhomme de la chambre du roi de Navarre et jouissait auprès de son maître d'une grande considération. Il fut blessé à la Réole en 1578, et reçut à cette occasion un don de cent écus. Cette même année le roi de Navarre le dépêcha en Angleterre, et l'année suivante en Allemagne avec M. de Ségur (*Inventaire de la chambre des comptes de Pau et de Nérac*, arch. de Pau, B. 2362, 2363, 2407). Brenieu avait un frère cadet attaché comme lui à la maison d'Henri de Navarre (*Ibid. passim*). Il est désigné dans les comptes de la chambre sous le nom de Brenieu le jeune.

d'honneur aprouvez pour gens de bien que vous choysirez de vous mesmes, et l'information secretement faicte, me la renvoyrez scellée pour sur icelle ordonner ce qu'il appartiendra. Et me reposant sur vous et l'affection que portez à mon service, feray fin en priant Dieu vous avoyr, Monsr de Paillez, en sa saincte et digne garde.

A Castelgeloux, le IIIIme jour de mars 1581.

Vostre bien afectionné amy,
HENRY.

XX.
1581. — 15 MAI.

Orig. — Arch. de M. Eugène de Serres de Justiniac.

A MONS^R DE PAILHÈS.

SOMMAIRE: Convocation des trois États du comté dans la ville de Foix, au 10 juillet suivant.

Monsieur de Pailhès, pour certaines causes concernentes le bien de mon service, repoz et soulaigement de mes mes subiectz en ma comté de Foix, j'ay mandé assembler les gens des trois Estatz de mad. comté, à se trouver en ma ville de Foix, au disiesme jour de juillet prochain venant; et pour qu'à mon grand regret je ne puis y aller, pour les grandes occupations qui me detiennent par deçà, je vous ay faict expedier commission pour y representer ma personne. A ceste cause, j'ay bien voulu vous faire particulierement la presente pour vous prier de vous en y aller, et faire entendre à lad. assemblée tout ce que cognoistrez sera propre et expedient pour le bien de mondit service, repos et soulaigement de mesd. subiectz. Et m'asseurant que ainsi le ferez, prieray Dieu, Monsieur de Pailhès, vous avoir en sa saincte et digne garde.

Vostre bien bon amy,
HENRY.

XXI.
1581. — 16 JUIN.

Orig. — Arch. de M. Eugène de Serres de Justiniac.

A MONS^R DE PAILLÈS.

SOMMAIRE : Prie M. de Pailhès de demander aux trois États une augmentation de la donation annuelle.

Monsr de Paillès, je vous envoye la commission pour tenir les Estatz en mon comté de Fois, vous priant de remonstrer à mes subjectz les grandes depenses esquelles j'ay esté reduict par les guerres passées et qu'il me convient suporter toutz les jours pour l'entretenement de la paix, affin qu'ilz accroyssent la donnation qu'ilz me fairont, les asseurant au reste que je n'ay rien de plus cher que leur sollagement et conservation. Et pour vostre particullier vous fairés estat certain de la bonne volonté de celluy qui prie Dieu, Monsieur de Paillès, vous avoir en sa garde.

De Aigues caudes (1), ce XVIe juing 1581.

Vostre bien asseuré amy,
HENRY.

XXII.
1581. — 26 JUILLET.

Orig. — Arch. de M. Eugène de Serres de Justiniac.

[A MONS^R DE PAILHÈS.]

SOMMAIRE : Tenue des États à Foix. — Le Roi remercie M. de Pailhès du zèle qu'il a apporté à son service ; — lui accorde la jouissance entière des revenus des cures de Cunaux et Bonnac.

Monsr de Paillès, je reçoy tant de tesmoignages de vostre fidelle affection à mon service que je ne veulx oblier à vous en remercier et particullierement du soing que vous avés aporté à la derniere

---

(1) Sur les motifs du séjour du roi de Navarre aux Eaux-Chaudes, voir dans les *Mémoires* de Marguerite de Valois quelques pages pleines d'une tristesse résignée. Ce séjour se rattache à la liaison de Henry avec la belle Françoise de Montmorency-Fosseuse.

tenue des Estatz de mon comté de Foix, vous priant, de mesmes qu'en tout ce qui importera le bien de mes affaires, vous y rendiés ung pareil soin et dilligence, et de mon cousté il ne se presentera jamais occasion de vous gratifier que je ne le face aussy volontiers comme j'ay faict expedier ce que vous desiriés pour l'entiere jouyssance des fruictz de l'année passée des cures de Cunaulx et Bonnac (1), à quoy je m'asseure que le receveur Baille (2) ne fauldra de satisfere. Et sur ce, Monsr de Paillès, je prie Dieu vous tenir en sa garde.

De Nérac, ce xxvime juillet 1581.

[HENRY] (3).

XXIII.
1581. — 12 SEPTEMBRE.

Orig. — Arch. de M. Eugène de Serres de Justiniac.

A MONS^R DE PAILLÈS.

SOMMAIRE : Émeutes dans le comté de Foix. — Prise du château de Lherm. — Ordre à M. de Pailhès de reprendre ledit château, d'apaiser les émeutes et de calmer l'animosité contre le s^r de Brenieu.

Monsr de Paillès, desirant pourvoir aulx esmeutes et querelles qui ont esté et pourroient encores estre en ma ville de Foix et valée de Bargulhere et remedier à la prinse qui a esté faicte du

---

(1) Nous ne connaissons pas dans le comté de Foix de cure du nom de *Cunaux*. La seigneurie de Bonnac appartenait à M. de Pailhès. C'était un des graves abus de ces temps et un empiètement du pouvoir civil que de conférer les bénéfices aux simples laïques. « En ce temps (1578), dit P. de l'Estoile, « tous les états de France se vendoient au plus offrant. Mais ce qui étoit le « plus abominable étoit la caballe des matières béneficiciales, la pluspart des « bénéfices étant tenus par femmes et gentilshommes mariés, ausquels ils « étoient conférés pour recompense, jusqu'aux enfans, ausquels lesdits béné- « fices se trouvoient le plus souvent affectés avant qu'ils fussent nés, en sorte « qu'ils venoient au monde crossés et mitrés » (*Journal*, 25 juillet 1578). « Il « n'étoit pas jusques à des petits coquins de poëtes dissolus, maqueraux de la « pudicité des femmes et filles, qui n'y eussent bonne part » *(Remontrances très humbles au Roy Henry III par un sien fidelle sujet).*

(2) Ce mot est écrit sans majuscule dans l'original. Faut-il lire *Baille*, nom propre assez répandu dans le pays de Foix, ou *baille* pour *bayle*? On sait que les fonctions du *bayle* étaient à la fois fiscales et judiciaires.

(3) Le bas de la lettre manque.

chasteau de Lerm (1), j'ay advisé de faire despecher une commission adressante à vous et au s^r de Dalon (2), sçaichant que tous deux estes amateurs du repoz publicq et sçavez mieulx que nulz aultres donner ordre à esteindre et assopir telles divisions et rancunes. Je vous prie doncq sur tant que desirez me faire service vous acheminer incontinant en lad. ville de Foix aud. chasteau de Lerm et aultres lieux que besoing sera pour effectuer le contenu de lad. commission, laquelle je vous envoye, et tenir la main à faire cesser les anymositez qui peuvent estre tant d'un party que d'aultre et particullierement contre le s^r de Brenieu (3) si aulcunes en y a, car je desire qu'ilz vivent dores en avant en paix et veulx que lesd. habitans s'asseurent comme je leur escrips, que mon voulloir... *(déchirure)* est de les conserver et garder de toute foulle... *(déchirure)* ainsi qu'ilz le congnoistront à l'effect et vous les en pouvez aussi particullierement asseurer. En quoy vous me ferez un singulier plaisir de vous y employer à bon essient; ce que je ne fauldray de recongnoistre à toutes les occasions qui se presenteront d'aussi bonne vollonté que je prie Dieu, Monsr de Paillès, vous tenir en sa saincte garde.

A Nérac, le xiie jour de septembre 1581.

Vostre bon et assuré amy,
HENRY.

(1) Près la ville de Foix. Voir une note, p. 41.

(2) Voir cette commission ci-après. — Le sieur de Dalou était gouverneur de Pamiers depuis la fin de l'année 1572. « C'était un homme d'une modestie « et d'une sagesse rare, et qui, pendant tout le temps qu'il exerça ses fonctions, « se montra équitable, bon et loyal envers tout le monde, sans exception de parti » (*Hist. du comté de Foix*, par Castillon, t. II, p. 245).

(3) Nous avons dit plus haut que les catholiques de Foix avaient adressé au roi de Navarre une requête contre les excès de ce capitaine. L'information que le Roi fit faire sur cette requête fut défavorable à Brenieu. Il fut révoqué et le capitaine Le Comte mis à sa place (*ibid.*, t. II, 279). Cette révocation fut plutôt une concession faite aux catholiques qu'une disgrâce, car Brenieu « qui, « suivant Olhagaray, s'estoit trop hastivement précipité dans son exécution », fut nommé deux ans après capitaine du château de Lectoure, 29 août 1584 (Voir *Lettres missives de Henry IV*, t. VIII, p. 267). Il épousa, le 20 novembre de cette même année (1584), Anne de Taillefer, fille d'Antoine de Taillefer, seigneur de Mauriac, et de Jeanne de Ségur (*Nobiliaire de Saint-Allais*, généal. Taillefer, t. XIV, p. 78).

XXIV.

1581. — 16 OCTOBRE.

Orig. — Arch. de M. Eugène de Serres de Justiniac.

[COMMISSION

DU ROI DE NAVARRE A MM. DE PAILHÈS, DE SOULÉ ET DALON, POUR REPRENDRE LE FORT DE VERDUN, LE CHATEAU DE LHERM ET LA TOUR DU LOUP] (1).

Henry, par la grace de Dieu roy de Navarre, seigneur souverain de Bearn et de Donnezan, duc de Vendosmois, de Beaumont et d'Albret, comte de Foix, d'Armaignac, Bigorre, Commenges et Perigord, vicomte de Limoges, de Marsan, Tursan, Gavardan, Lautrecq et Villemeur, gouverneur et lieutenant general pour le Roy en Guyenne, etc. A mes chers et bien amez les sieurs de Paillez, de Soulé et Dalon et à chacun d'eulx, en droit soy si comme à luy appartiendra, salut. Ayant esté adverty des excès, attemptatz et desordres qui se font et continuent ce jourd'huy en nostre comté de Foix au prejudice du bien de nostre service et de la paix et tranquillité publique soubz la faveur et retraicte de certains lieux occupez et detenus en nostre dit comté tant par ceulx de l'une que de l'autre religion, et mesme du fort et eglise de Verdun (2) que tient le sieur de Gudanes (3), du chasteau de

---

(1) Document transcrit et communiqué par M. Félix Pasquier, archiviste de l'Ariège.

(2) Village situé au bord de l'Ariège, dans le canton des Cabanes. Pour les faits historiques intéressant cette partie de la vallée de l'Ariège, consultez une excellente brochure de M. Pasquier : *Demande en réduction d'impôts par les habitants de Château-Verdun, sous Louis XIV*. Foix, 1883.

(3) Jérôme de Salles, baron de Gudanes et seigneur de Fontvives, fils de Bernard de Salles, baron de Gudanes, et de Mondette de Bélissen. Bernard testa en faveur de son fils Jérôme le 18 mai 1570 (*Jugements sur la noblesse du Languedoc*, verbo Sales, dans les *Pièces fugitives* etc., du marquis d'Aubais, t. III). Le château de Gudanes est situé de l'autre côté de l'Ariège, en face de Verdun. M. Pasquier nous fournit sur cette seigneurie les renseignements suivants : « A quelle époque la famille de Salles a-t-elle fixé sa résidence à
« Gudanes? le fait est difficile à préciser. Ce n'est qu'au XVe siècle qu'on voit
« apparaître le nom de Gudanes. Auparavant, la seigneurie était à Château-
« Verdun. Ce n'est qu'à la fin du XVe siècle qu'on trouve un seigneur de
« Gudanes. Au XVIe siècle, les barons de Gudanes reçurent et rendirent des

l'Erm (1) detenu par la Costene dict Le Vichon et de la tour du Loup (2) [detenue] par Ramonet de Pagese ; pour à quoy pourvoyr nous nous fussions volontiers transportez en nostre dict comté ; mais monsieur le mareschal de Matignon, qui s'en vient en ce pays pour l'establissement de la paix, estant arrivé en la ville de Bordeaulx (3), et en venant icelluy devers nous pour cest effect, cella a interrompu nostre deliberation ; ce qui est cause que à plain confians de vos fidellitez et affections à nostre service et à l'establissement de ladite paix, vous avons, et à chacun de vous commis, ordonnez et desputez, commettons, ordonnons et depputons par ces presentes, pour vous transporter aux lieux dessus dicts, faisans très exprès commandement et injunction de par nous aux occupateurs et detenteurs d'iceulx d'en vuyder incontinent et sans delay et les remettre entre les mains des proprietaires au premier estat et liberté, en quoy ilz avoyent accoustumé d'estre en temps de paix, sur peyne de rebellion et desobeyssance, sans souffrir ne permettre que les dicts occupateurs

« hommages. Voir les titres produits devant M. de Froidour, en 1670, pour la
« réformation des forêts du pays de Foix (Arch. de la Haute-Garonne, série B).
« L'Inventaire des archives de la tour ronde de Foix, dont les pièces ont été
« détruites en 1804 par un incendie, fait mention, en 1559, de Bernard de
« Salles, seigneur et baron de Goirans et de Gudanes, et au XVIe siècle, sans
« date, de Jérôme de Salles, seigneur de Gudanes, époux d'Antoinette de Miglos
« de Luzenac. Vers 1609, les seigneurs de Gudanes achetèrent la terre de
« Château-Verdun et absorbèrent ainsi l'entière seigneurie de laquelle Gudanes
« avait été détaché ».

(1) L'*Erm*, aujourd'hui l'*Herm*, est une petite commune du canton de Foix, sur le chemin de Foix à Larroque d'Olmes. Il y a des ruines d'un château, qui ont leur légende. En 1359, c'était déjà un repaire de brigands qui fut détruit par les habitants de Foix (Cartulaire de Foix). Le pays, d'ailleurs, est admirablement choisi pour servir de repaire à des bandits ; il est sauvage et resserré. M. Pasquier, à qui nous devons ces renseignements, ajoute qu'il se propose d'éditer, d'après un texte du Cartulaire de Foix, le récit de la destruction de l'Herm, en 1359. — C'est à l'Herm que s'ouvre la fameuse grotte si célèbre par ses gisements fossiles.

(2) La tour du Loup est une forteresse féodale tout en ruines, située près de La Bastide-de-Sérou. M. Rumeau a donné la description de cette forteresse dans sa *Monographie de La Bastide-de-Sérou*, p. 109. Notons, en passant, que la légende fort ingénieuse qui accompagne cette description est absolument apocryphe.

(3) Le maréchal de Matignon fit son entrée à Bordeaux le dimanche 16 octobre 1581 (*Chronique bourdeloise*, p. 94), le jour même où le roi de Navarre signait cette *commission*.

et detenteurs pussent prendre, transporter ne enlever d'iceulx aucune chose apartenans aus dicts proprietaires, et enjoignans faire rendre tous prisonnyers sans aucune rançon ; et [au cas] où les dicts detenteurs refuseroyent de rendre et restituer les dicts lieux occupez, vous ayez à les y contraindre par toutes rigueurs et contrainctes et mesmes par la force du canon, si besoing est, vous permettans d'en prendre des villes et places où il y en a; et mandans aux gouverneurs, capitaines et autres qui les ont en charge de vous les delivrer et fournyr et tout ce qui y apartient et en depend, et [vous pourrez], pour assieger et battre les dicts lieux, assembler tel nombre de gens de guerre que vous adviserez et de vivres, poudres et autres choses necessaires pour ceste execution, faire prendre au corps les infracteurs et violateurs du dict edict et en faire faire justice par pugnition exemplaire.

Mandons et commandons à tous les dicts gouverneurs et cappitaines et tous soldats de nostre dict comté, prions ceulx qui sont hors de nostre subjection que à vous et à chacun de vous, en ce faisant, ilz obeyssent et entendent diligemment, prestent et donnent conseil, confort, faveur, ayde, assistance, main forte et prison, si mestier est, et requis en sont. Car tel est le vouloyr et intention du Roy mon seigneur, et le nostre conforme à icelluy. En tesmoing de quoy nous avons à ces dictes presentes signées de nostre main, faict mettre et apposer nostre scel.

Donné à Nerac, le xvie jour d'octobre, l'an mil cinq cens quatre vingts ung.

HENRY.

De Mazelieres (1).

---

(1) Deux personnages de ce nom, deux frères, remplissaient auprès du roi de Navarre les fonctions de secrétaire : Odet, l'aîné, témoin avec ce titre du testament du maréchal de Monluc, 22 juillet 1576, et Gaixot, le cadet, pourvu de cette charge le 23 janvier 1582. On trouvera dans la *Biographie de l'arrondissement de Nérac*, par Samazeuilh, et dans les *Notes historiques sur les Monuments féodaux de l'Agenais*, par M. de Laffore, p. 182 et suiv., d'abondants détails sur les divers membres de cette famille.

XXV.

1581. — 4 DÉCEMBRE.

Orig. — Arch. de M. Eugène de Serres de Justiniac.

A MONS^R DE PAILHÈS.

SOMMAIRE : Enlèvement de dom Miguel de Villeneuve. — Suites graves qu'il peut avoir. — Prière à M. de Pailhès d'en rechercher les auteurs et de les punir sévèrement.

Monsr de Paillès, j'ay entendu que ceulx qui avoyent prins le s^r don Miguel de Villenouve l'ont traduict et transporté hors de Foix ; de quoy pour les diverses plainctes qui m'ont esté faictes tant par le vice-roy de Catheloigne que par mess^{rs} de Montmorancy et de Joyeuse (1), et afin d'eviter la mauvaise consequence qui s'en pourroyt ensuivre au prejudice de la paix d'entre ces deux royaulmes, je vous ay bien voulleu escrire ceste-cy pour vous prier de vous informer bien amplement du lieu où sont lesd. preneurs et detempteurs pour moienner de les prendre et en faire faire un exemple remarquable. J'escris aussy à mons^r de Joyeuse, le priant d'en faire faire de mesme et advertir ung chascun d'y prendre garde afin que par sa vigilance et la vostre on les puisse attraper. En quoy je vous prie de rechef de vous emploier franchement et de tout vostre cueur et affection sans espargner moyen quelconque, vous asseurant que j'en seray aussy ayse qu'ilz fussent prins et pugniz que le sçauroient estre leurs parties mesmes, et croiez que vous me ferez un fort grand plaisir. Priant Dieu vous avoir, Monsr de Paillez, en sa saincte et digne garde.

Escript à Nerac, ce IIIIe jour de decembre 1581.

Vostre byen afectyonné amy,
HENRY.

(1) Scipion, duc de Joyeuse, avait succédé à son frère Anne tué à la bataille de Coutras, en 1569. Il périt à son tour au siège de Villemur, en 1592, et sa mort fit sortir du cloître le père Ange de Joyeuse, son frère, qui devint maréchal de France en 1596. Voir plus bas.

XXVI.

1582. — 3 JANVIER.

Orig. — Arch. de M. Eugène de Serres de Justiniac.

A MONS^R DE PAILLEZ.

SOMMAIRE : Ne peut se rendre au comté de Foix à cause du prochain départ de la Reine sa femme. — Envoie à sa place le seigneur de Miossens. — Prie M. de Pailhès de l'assister d'avis et de moyens.

Monsr de Paillez, j'ay beaucoup de regret de ne me pouvoir randre en mon comté de Foix comme vous me conseillez et que je cognoy importer le bien de mes affaires, mais je suis retenu d'ailleurs pour une occasion sy importante qui est d'accompaigner la Royne ma femme le plus avant que je pourray (1) à son voiaige de la court, qu'il fault necessairement que je differe mon acheminement aud. comté jusques à une autre saison. Et en ce deffault je n'ay pu faire election de personne plus propre pour y aller faire ung passaige que de mon cousin le s^r de Myossans (2), tant pour la grande affection qu'il porte au bien de mes affaires que pour la creance et aucthorité qu'il a de longue main acquise en mond. comté; vous priant, Monsr de Paillez, l'assister d'avis, de moyens et de tout ce qui dependra de vous, pour faire cesser les maulx et miseres que mes subiectz y souffrent. Vous avez desià prins tant de peyne à cest œuvre qu'il fault s'il vous plaist que vous teniez la main qu'elle se paracheve. Et parce que mond. cousin de Myossans ne pourra cesjourner que peu de temps par delà, d'aultant qu'il doit accompaigner la Royne ma feme jusques à la court, je vous prye après son depart continuer d'avoir l'œil et pourvoir aux affaires de mond. comté, suyvant la charge et pouvoir que vous en avez de moy, qui recognoistray le signallé service en toutes les occasions qui

---

(1) Jusques à Saint-Maixent, en Saintonge.
(2) Henri d'Albret, baron de Miossens, sénéchal du comté de Foix, ami d'enfance du roi de Navarre, élevé avec lui au château de Coaraze, fils de Jean d'Albret, baron de Miossens et de Coaraze, et de Suzanne de Bourbon-Busset.

se pourront offrir, d'aussy bon cœur que je prye Dieu, Monsr de Paillès, vous avoir en sa saincte garde.

De Nerac, ce IIIe jour de l'an 1582.

Vostre meylleur et plus certen amy,
HENRY.

XXVII.
1582. — 3 JANVIER.

Orig. — Arch. de M. Eugène de Serres de Justiniac.

A MONS^R DE PAILLÈS.

SOMMAIRE : Surprise de Tarascon. — Ordre à M. de Pailhès de démanteler la ville.

Monsr de Paillès, je suis bien marry que lorsque vous aportiés plus de soin et de labeur à paciffier les choses en mon comté de Foix, la surprise de ma ville de Tarascon (1) soit survenue, car oultre que ces alterations n'aportent que de la ruyne à mes subjects, il est à craindre que le mal ne s'estende plus avant. A quoy je desire remedier et ne pense point moyen plus propre qu'en faisant demanteler ma dite ville, mon chasteau et faire desmolir les guarites, flancs et ce que vous coignoistrés estre besoing de la maison de la Mothe Bardigues (2), mesme l'ouvrir

---

(1) La ville de Tarascon, chef-lieu d'une des châtellenies du comté de Foix, fut, pendant les guerres de religion, prise et reprise par les catholiques et les protestants. Le 25 septembre 1568, le terrible Audou l'enleva d'assaut et fit précipiter dans l'Ariège le curé Baron, arraché de l'autel au moment où il terminait sa messe. L'année suivante, 2 juin 1569, elle rentra aux mains des catholiques commandés par le seigneur de Montgascon, qui fit jeter du haut du rocher du château, dans le gouffre de l'Ariège, soixante-six huguenots en représailles de la mort du curé Baron. Reprise par Audou à la fin de septembre 1580, et par les catholiques quelques jours après, elle continua à être l'objet des convoitises des deux partis et un foyer de guerres continuelles auxquelles la mesure radicale prise par le roi de Navarre pouvait seule mettre fin. — Sur les divers sièges soutenus par Tarascon, à l'exception de celui dont parle cette lettre, voir les auteurs déjà cités.

(2) Béraud du Gout, seigneur de Lamothe-Bardigues, du Motet et de Balignac en Lomagne, avait épousé Marguerite de Béon-Sère, dame de Miglos, près

du cousté de la riviere pour oster toutes occasions d'entreprendre les ungs sur les aultres ; à quoy vous prie fere travailler dilligement, comme aussy mes chasteaux de Mongaillard (1) et de Lordat (2), veu les continuelles entreprinses qu'on y dresse. Et sur ce, Monsr de Paillès, Dieu vous ayt en sa garde.

De Nerac, ce IIIe jour de l'an 1582.

(*Aut.*) Je vous prye ne fallyr de satisfere à ce que je vous mande et vous me ferés un playsir singullyer.

Vostre meylleur et plus asseuré amy,
HENRY.

XXVIII.

1582. — 27 JANVIER.

Orig. — Arch. de M. Eugène de Serres de Justiniac.

A MONS^R DE PAILLÈS,
COMMANDANT GENERALLEMENT EN MON COMTÉ DE FOIX.

SOMMAIRE : Annonce à M. de Pailhès son prochain voyage en Saintonge ; — écrit à la noblesse du comté de Foix pour lui recommander d'obéir aux ordres de M. de Pailhès.

Monsr de Pailhès, je vous envoye ung pouvoir pour commender generallement en mon comté de Foix durant le voyage que je vay faire en Xaintonge (3), vous priant de tenir la main que

---

Tarascon, de Salon et de Lescure, au comté de Foix. Le 26 juin 1589, étant dans son château de Lamothe-Bardigues, sur le point de partir pour aller rejoindre l'armée du Roi, Béraud du Gout fit son testament en faveur de sa femme (*Hist. généal. des Pairs de France*, par Courcelles, t. VI, généal. du Gout).

(1) Le château de Montgaillard, près Foix, était bâti au sommet d'une montagne, à 639 mètres d'altitude. Il fut démoli par ordre de Richelieu, en 1637 (*Annales de Pamiers*, par M. de Lahondès, t. II, p. 122).

(2) Sur le château de Lordat, le plus formidable de la contrée, voir une excellente étude de M. de Lahondès, avec plans et gravures, intitulée : *Quelques châteaux du pays de Foix*, insérée dans le t. LI des *Congrès archéologiques de France*, congrès de l'Ariège, mai 1884, p. 386.

(3) « Pour accompagner la Royne ma femme jusques au lieu de Saint-« Maxent » où la Reine sa mère doit la rejoindre. (Lettre du 4 avril 1582 écrite

rien ne s'y altere durant mon esloignement et croyre que vous ne me sçauriés en meilleure occasion faire paroistre l'affection que je sçay que vous avés à mon service. J'escris à ceulx de la noblesse et des villes de vous obeyr, et satisfaire à ce que vous leur ordonnerés, m'assurant que le tout ne sera qu'à leur conservation et sollagement. Et sur ce, Monsr de Paillès, je prie le Createur vous avoir en sa garde.

De Nerac, le XXVIIe janvier 1582.

Vostre byen afectyoné amy,
HENRY.

XXIX.

1582. — 4 AVRIL.

Orig. — Arch. de M. Eugène de Serres de Justiniac.

A MONS^R DE PAILLEZ.

SOMMAIRE : Appréhensions causées par le voyage du roi de Navarre en Saintonge. — Son entrevue avec la Reine-mère. — Convocation des églises réformées à Saint-Jean-d'Angely. — Prière à M. de Pailhès de maintenir dans l'ordre les habitants du comté de Foix.

Monsr de Paillez, je m'assure que parmy les divers bruitz qui ont couru de mon voyage, pour la crainte et deffiance que plusieurs personnes en avoyent (1), vous serez très aise de savoir le succez qui a esté jusques à present, graces à Dieu, assez heureux, ayant eu cest honneur de voir la Royne mere du Roy mon seigneur (2),

---

à Aulnay, en Saintonge. *Collect. des Lett. miss.*, t. IX). C'est en février que le roi de Navarre quitta la Gascogne en compagnie de sa femme, pour se rendre en Saintonge.

(1) Aucun historien n'a parlé des appréhensions que ce voyage en Saintonge avait causé aux partisans du roi de Navarre. Une lettre écrite par le Roi à Théodore de Bèze semble indiquer qu'elles auraient eu pour cause la crainte qu'il ne fut pris dans cette entrevue quelques résolutions défavorables aux églises réformées. Henry s'excuse de cette entrevue « que j'ai pensé, écrit-il, être
« nécessaire pour le bien de la paix et le repos de nos églises ». Et il ajoute :
« Je vous prie assurer tout le monde que je ne ferai rien qui nous porte
« prejudice » (*Collect. des Lettres missives de Henri IV*, t. I).

(2) C'est à Saint-Maixent qu'eut lieu l'entrevue.

de laquelle j'ay esté receu avec ung aussy bon visage que j'eusse peu desirer, de quoy j'ay receu un extreme plaisir et contentement, pour l'assurance particuliere qu'elle m'a donné d'ung bon et assuré repos en ce royaume, pour l'establissement duquel je suis resolu d'employer tous les moiens qu'il a pleu à Dieu me donner, comme je m'assure que tous les gens de bien amateurs de la tranquilité publique y aporteront aussi de leur costé ce qu'ilz panceront y estre requis et necessaire. Et pour y parvenir plus facillement j'ay deliberé, par l'advis mesme de la dicte dame, de faire une convocation et assemblée generalle de toutes les eglises de cedit royaume à St Jehan d'Angely au vingtiesme du mois prochain, à ce que nous puissions tous ensemble aviser les moiens plus propres pour nous conserver et maintenir en une sainte unyon et tranquilité continue sans retomber ez miseres et calamitez passées, mais jouyr à l'advenir des plaisirs et douceurs d'une bonne et assurée paix, laquelle j'espere estre ferme et de longue durée, les gens de bien s'emploians à la conservation d'icelle pour retenir en bride et empescher les mauvaises volontez de ceulx qui ne se plaisent qu'aux desordres et divisions. Lesquelles d'autant que je m'assure qu'empescherez tousiours de tout vostre pouvoir, je ne vous feray ceste-cy plus longue sinon pour vous prier faire tousiours estat de mon amytié, laquelle vous demurera pour jamais aussi ferme et invyolable que je prie Dieu vous avoir, Monsr de Pailhez, en sa très saincte et digne garde.

De Mele, ce IIIIe avril 1582.

Vostre bien bon et asseuré amy,
HENRY.

XXX.
1582. — 18 MAI.

Orig. — Arch. de M. Eugène de Serres de Justiniac.

A MONS^R DE PAILLÈS.

SOMMAIRE : Remercie M. de Pailhès d'avoir arrêté les troubles suscités par le sieur de Cazenave.

Monsr de Paillès, je suis bien ayse d'avoir veu par vostre lettre que vous avés dextrement pourveu au trouble que le s^r de Cazenove (1) avoit engendré en mon comté de Foix ez environs d'Hurs (2), vous priant de continuer le mesme soing et dilligence en ce qui est de mon service, de entretenir mes subjectz en la bonne volonté que vous me temoignés de leur part, m'avertissant à toute heure de ce qui se passera. Et sur ce je prie le Createur vous tenir, Monsr de Paillès, en sa saincte et digne garde.

De Pau, ce XVIIIe may 1582.

Vostre bien afectyoné amy,
HENRY.

XXXI.
1582. — 2 JUIN.

Orig. — Arch. de M. Eugène de Serres de Justiniac.

A MONS^R DE PAILLEZ.

SOMMAIRE : Recommandations à M. de Pailhès pour la garnison de Foix. — Le s^r de Frontenac dépêché vers le Roi. — M. de Miossens à Tarascon. — La reine de Navarre aura agréable la résignation de la commanderie d'Aubrac par le cardinal d'Armagnac.

Monsr de Paillez, je vous ay faict puys huict jours une depesche par Lacoste (3) pour vous faire sçavoir combien j'estime les bons

---

(1) Jacques-Paul de Lordat, seigneur de Cazenave. On retrouvera plus loin (lettre du 17 septembre 1583) ce personnage compromis dans une affaire criminelle.

(2) Urs, petit village dans le canton des Cabanes. La seigneurie appartenait au seigneur de Cazenave.

(3) Pierre de La Coste, maréchal des logis du Roi, viguier et capitaine du château de Pamiers. Le roi de Navarre venait de le charger d'une mission auprès

offices et services que vous continuez à me fayre, et par ceste-cy vous asseureray encores de la recongnoissance que j'en auray à toutes les occasions qui se presenteront envers vous et les vostres, ayant entendu au demeurant par le s^r d'Usson (1), juge maige de mon conté de Foix, comme toutes choses sont passées, lequel j'ay retenu pour encores. Et cependant vous prieray d'user du pouvoyr et authorité que je vous ay donné et suyvant icelle, commettre tel personnaige digne avec tel nombre de soldatz que vous et le s^r de Solé (2) adviserez estre necessaire pour la garde de ma ville de Foix (3) aux despens comuns de tous les habitans et consulatz d'icelle, voullant et entendant qu'ilz y soyent quotisez jusqu'à ce que j'aye responce du Roy mon seigneur, y ayant depesché le s^r de Frontenac (4); et pour le regard de Tarascon y continuer pour

---

des réformés de Genève. Il écrivait à Th. de Bèze, le 12 mai 1582 : « Je l'ay « mandé querir (La Coste) tout aussy tost en mon comté de Foix et dès qu'il « sera arrivé je le feray partir » (*Lett. miss.*, t. VIII, p. 228). Les frais de son voyage lui furent payés par le trésor royal (Arch. des Basses-Pyrénées, chambre des comptes de Pau et Nérac, B. 2632. — Voir encore aux mêmes archives les pièces inventoriées sous les numéros B. 2326, 2341, 2593 et 2710).

(1) François d'Usson, maître des requêtes du roi de Navarre, juge-mage et lieutenant-général du pays de Foix, garde du grand sceau et réformateur du domaine royal, fils de Jean d'Usson, chambellan de la reine de Navarre, fut l'aïeul de ces gentilshommes qui, sous les noms de marquis de Bonrepaux et de Bonac, jouèrent un rôle considérable dans les armées et dans la diplomatie, sous les règnes de Louis XIV et de Louis XV.

(2) Pierre de Sieuras, seigneur du Soulé, voir plus haut, p. 24.

(3) Ces précautions militaires étaient la suite d'une grande sédition qui s'était élevée le 17 mai, à 8 heures du soir, dans la ville de Foix, entre les catholiques et les protestants. La prise du château de Bram, et le massacre de la garnison protestante, par Laviston, gouverneur de Carcassonne, fut la cause de cette sédition. Tandis que les catholiques fuxéens célébraient cette victoire, les réformés, irrités de cette défaite, tombèrent sur eux à l'improviste. Les deux partis en vinrent aux mains « et ceux de la religion repoussés, s'enfuirent « au château où commandoit le sieur Le Dain. Leurs circonvoisins advertis de « ce qui se passoit accoururent à leur secours sous la conduite des sieurs de « Soulé et de Saint-Marcel, et, entrant dans la ville par un trou de la muraille, « remirent ceux du château en leurs maisons et chastièrent ceux qui avoient « passé la rouée à telle esmeute et sedition » (Olhagaray, *Hist. de Foix*, p. 665. — *Hist. du Languedoc*, t. v, p. 388).

(4) François de Buade, seigneur de Frontenac, écuyer du roi de Navarre, gouverneur de Marans. Voir dans les *Mém. de la Force*, t. II, l'*Hist. universelle* de d'Aubigné, la *Collect. des Lettres missives de Henri IV*, l'*Hist. de l'Agenais*, par Samazeuilh, des détails biographiques sur ce fidèle serviteur catholique de Henry IV.

quelque temps le reiglement estably par le s^r de Miossens (1). J'escry à la Reyne ma femme en vostre faveur touchant la commanderye d'Aubrac (2), je m'asseure qu'elle aura fort agreable la resignation de mons^r le cardinal d'Armaignac (3) come j'auray de ma part à faire tout ce qui me sera possible pour vous et vostre mayson, de pareille volonté que je prye Dieu vous avoyr, Monsr de Paillez, en sa sainte et digne garde.

Escript à Nerac, ce iie jour de juing 1582.

(*Aut.*) Mr de Paillez, je vous prye pourvoyr sufisement mon chasteau de vivres et munityons necessayres et l'asseurer en toutes façons, vous savés combien il m'importe.

Vostre byen affectyoné amy,
HENRY.

XXXII.
1582. — 17 JUILLET.
Orig. — Arch. de M. Eugène de Serres de Justiniac.

A MONS^R DE PAILHÈS.

SOMMAIRE : Remercie M. de Pailhès du soin qu'il prend de le tenir au courant des événements. — Attend le retour de M. de Ségur, envoyé en cour.

Monsr de Paillès, ayant receu vostre lettre et celle de mons^r de Solès, ce m'a esté ung grand contantement de voir le soing que vous avez de me tenir adverty de tout ce qui se passe, dont je vous prye de continuer et tenir la main à disposer toutes choses

---

(1) Henri d'Albret, baron de Miossens, avait été envoyé au comté de Foix, par le roi de Navarre, dès le commencement de cette année, avec mission de pacifier le pays et de faire exécuter les édits. Voir p. 44.

(2) Saint-Chély-d'Aubrac, arrondissement d'Espalion (Aveyron). *Domus hospitalis de Alto-Braco* n'était pas une *commanderie* mais une *dommerie* dépendant de l'abbaye de Conques, au diocèse de Rodez. Le cardinal d'Armagnac était abbé de Conques et *domnus de Alto-Braco* (voir *Gallia christ.*, t. I, p. 207 et 245 ; — *Dictionnaire d'Expilly* ; — *Cartulaire de l'abbaye de Conques en Rouergue*, par G. Desjardins, p. LXXII).

(3) Pour expliquer cette résignation, il est bon de rappeler que Blaise de Villemur, fils du baron de Pailhès, avait épousé, le 13 septembre 1565, Fleurette d'Armagnac, nièce du cardinal Georges d'Armagnac.

au meilleur estat que vous pourrez, attendant que je seray par delà, qui sera dans peu de jours, Dieu aydant. Car aussi tost que le s^r de Segur (1), (que j'ay envoyé en court et que j'attends d'heure à autre) sera arrivé, je m'achemineray en voz quartiers pour pourvoir à tout. Et cependant j'envoieray homme exprez devers Leurs Ma^{tés} affin d'obtenir l'expedition qui est necessaire pour ceste heure. Et pour le regard de la premiere despeche il y aura esté pourveu car j'en attends la responce par led. Segur. Qui est l'endroict où je prye Dieu, Monsr de Paillès, vous tenir en sa garde.

Des Essars, ce xviie juillet 1582.

Vostre bon et assuré amy,
HENRY.

XXXIII.

1582. — 15 SEPTEMBRE.

Orig. — Arch. de M. Eugène de Serres de Justiniac.

A MONS^R DE PAILHÈS,

GOUVERNEUR ET COMMANDANT GENERALLEMENT EN MON COMTÉ DE FOIX.

SOMMAIRE : Promet de se rendre prochainement à Foix ; envoie en attendant le capitaine Espernain pour réprimer les brigandages.

Monsr de Paillès, j'ay retardé mon voiyage de Foix jusques que j'eusse nouvelle de mon cousin le duc de Montmorency, mais si suis resolu de me rendre infalliblement au commencement du mois prochain ; cependant j'y envoie une partye de mes gardes conduictz par le capitaine Espernnis (2), à qui j'ay commandé de faire ce que vous lui ordonnerez soit pour satisfaire la justice ou pour empecher les cources et volleryes qui se font par ceulx de l'une et l'autre religion, vous priant aussy le faire loger et accomoder de vivres en tel lieu et selon que vous adviserez plus commode.

---

(1) Jacques de Ségur de Pardaillan, surintendant de la maison du roi de Navarre et chef de son conseil, frère de ce baron de Pardaillan, assassiné dans les bras de Henry de Navarre à la Saint-Barthélemy.

(2) Le capitaine Espernain, archer des gardes (Arch. de Pau, B. 2488).

Pryant sur ce le Createur, Monsr de Paillès, vous tenir en sa saincte garde.

De Pau, ce xve septembre 1582.

(*Aut.*) Je vous recommande la tenue de mes Estats

Vostre byen asseuré et plus affectyoné amy,
HENRY.

XXXIV.
1582. — 18 SEPTEMBRE.
Orig. — Arch. de M. Eugène de Serres de Justiniac.

A MONSIEUR DE PAILLIÈS.

SOMMAIRE : Lui annonce la grossesse de la reine sa femme. — Envoie une compagnie de ses gardes pour protéger les députés de la Chambre. — Prie M. de Pailhès de ravitailler le château de Foix.

Monsieur de Paillès, le s^r de Breny (1) s'en allant par mon commandement à Foix, je vous ay bien voulu advertir des bonnes nouvelles que j'ay receues qui sont que ma femme est grosse, pour l'asseurer et pour m'en conjouir avec vous (2). Au reste

---

(1) Jacques de Brenieu. Nous avons déjà parlé de lui. Ajoutons qu'il ne vivait plus au 27 octobre 1595, date du testament de sa veuve, Anne de Taillefer, qui donna pour tuteur à sa fille Jeanne, François de Segur, seigneur de Saint-Aulaye (*Hist. généal. des Pairs de France*, par Courcelles, t. I, généal. Ségur, p. 17).

(2) Qui se serait attendu à la naïve annonce de cette « bonne nouvelle »?... N'est-ce pas plutôt une gaillardise du plus gaillard des rois, et cette phrase dictée à son secrétaire ne laisse-t-elle pas deviner un ton de persiflage contenu ?... Qui mieux que l'époux de la volage Marguerite (sauf le jeune Chanvallon) pouvait savoir que cette grossesse ne le regardait pas. Il faut rattacher ce fait au séjour de Marguerite à Cadillac, où, selon d'Aubigné *(Hist. Universelle)*, elle fut « surprise en ses privautés avec Chanvallon ». Marguerite quitta la Gascogne pour aller cacher son état trop intéressant loin des regards indiscrets de nos compatriotes. Elle arriva à Paris le 8 mars 1582, et ce fut seulement six mois après que son mari fut informé de sa situation, laquelle allait se dénouer peu de temps après par la naissance de ce mystérieux enfant, le futur capucin Ange. Cette lettre est la seule connue de Henry IV qui fasse mention de cette grossesse, autour de laquelle allait se faire tant de bruit et tant de scandale. Busbec raconte, dans une de ses lettres à l'Empereur, que Henry III reprocha publiquement à sa sœur la naissance de ce fils « et précisant tellement les dates

il vous dira comme j'envoye une compagnie de mes gardes en mon conté de Foix (1) pour la seurté de messieurs les deputés de la chambre (2) et pour tenir main forte à leurs arretz et jugements. Je vous prie de les faire recepvoir comme vous sçavez trop mieux et qu'ils meritent et faire commander à tenir les Estats. Je prie Dieu, Monsieur de Pailès, vous avoir en sa saincte garde.

Escript à Pau, ce XVIIIe septembre 1582.

(Aut.) Je vous avois escrit de faire remplacer les vivres qui furent mangés dans mon chasteau de Foix (3), je vous prye sy ne l'avez faict de le faire incontinant.

Vostre bon maistre et afectionné amy,
HENRY.

« et les lieux qu'il sembloit avoir été temoin des faits qu'il citoit » (*Lettres d'Auger de Gislen, seigneur de Busbec, ambassadeur de l'empereur Rodolphe II auprès de Henri III, roi de France,* dans les *Archives curieuses* de Cimber et Danjou, t. x, p. 94). Citons, à ce propos, la réponse un peu libre mais pleine de verve que le roi de Navarre fit à Bellièvre lorsqu'il lui remit la lettre dans laquelle Henry III, s'excusant de l'injure faite à la Reine, lui représentait que ces accusations pouvaient n'être que des calomnies et que, d'ailleurs, on avait aussi, dans le temps, bien parlé, et à tort, de la feue Reine sa mère : « Le Roi, « par toutes ses lettres, me fait beaucoup d'honneur : par ses premières, il « m'appelle c..., et par les dernières, fils de p...; je l'en remercie » (*Journal de l'Étoile,* 8 août 1582). Voir sur les relations de Marguerite avec Chanvallon des détails d'une audace *brantomienne* dans le *Divorce satyrique ou les Amours de la reine Marguerite;* et dans le même pamphlet, des renseignements curieux sur le fils qui naquit de leurs relations et qui entra plus tard chez les Capucins, au couvent de Bordeaux. L'historien Dupleix paraît avoir connu cet enfant; « cettui-cy vit encore, dit-il, et est prêtre capucin, nommé père Ange ».

(1) Sous le commandement du capitaine Espernain. Voir la lettre précédente.

(2) On avait créé, dans les Parlements, des chambres mi-parties, tri-parties, pour connaître et régler les différends entre catholiques et protestants.

(3) Lors de la sédition du mois de mai dernier, les protestants se réfugièrent dans le château et y soutinrent un siège. Voir une note à la lettre du 2 juin 1582.

XXXV.

1582. — 9 OCTOBRE.

Orig. — Arch. de M. Eugène de Serres de Justiniac.

A MESS^{rs} DE PALIEZ ET DU SOULEY.

SOMMAIRE : Les remercie d'avoir rétabli l'ordre dans la ville de Foix et les prie de continuer à y maintenir la paix. — Espère pouvoir bientôt se rendre au comté de Foix.

Messrs de Paliez et du Soleil, j'ay entendu par la lettre que m'avez escrite l'ordre que vous avez donné en ma ville de Foix (1), où je desirerois bien avoir faict ung voyage pour y reigler toutes choses au contentement et soulagement de mes subgectz, comme j'espere de faire aussy tost que mes affaires le pourront permectre. Cependant je vous pry continuer à y contenir toutes choses en paix et y faire ce qui est pour le bien de mes affaires suyvant la confiance que j'ay de vous. Sur ce priant Dieu vous tenir en sa très saincte et digne garde.

De Nerac, ce ixe octobre 1582.

Vostre meilleur et plus assuré amy,
HENRY.

XXXVI.

1582. — 27 NOVEMBRE.

Orig. — Arch. de M. Eugène de Serres de Justiniac.

A MONS^r DE PALHEZ.

SOMMAIRE : Plaintes contre les commissaires de la chambre de justice. — Enquête sur les troubles de la ville de Foix. — Prière à M. de Pailhès d'informer le Roi de la manière dont les commissaires font leurs procédures.

Monsr de Paliès, j'ay veu ce que vous m'avez escript des procedures que font par delà les commissaires de la chambre

---

(1) Voir la lettre du 2 juin 1582.

de la justice estans jusques à present demeurez à Varillys (1) et n'ayans ouy que les depositions des seditieux. Mais encores qu'ilz aient prins l'instruction de ceux de Tholouze où ilz ont residé deux ou troys jours si est-ce qu'on n'a encores occasion de se plaindre d'eulx ne dire qu'ilz n'ayent suivy la formule de la justice, pourveu que par cy après ilz se transportent à Foix pour ouyr les deppositions de ceulx qui ont esté assaillis ou qui peuvent tesmoigner sans passion de la sedition advenue en lad. ville (2). Au reste je vous prye de m'advertir cy après de leursd. procedures et comme ils se seront portez en leursd. commissions, desirant au vray en estre informé et encores plus de vous veoir aussi tost que lesd. commissaires auront executé leur commission. Cependant je vous prieray de vous asseurer tousiours de mon amityé et Nostre Seigneur vous tenir, Monsr de Paliès, en sa très saincte et digne garde.

De Nerac, ce XXVIIe jour de novembre 1582.

Vostre meylleur et plus assuré amy,
HENRY.

XXXVII.

1582. — 24 DÉCEMBRE.

Orig. — Arch. de M. Eugène de Serres de Justiniac.

A MESSIEURS DE LA NOBLESSE DE MON COMTÉ DE FOIX.

SOMMAIRE : Le Roi se rendra dans le comté de Foix pour répondre au désir de la noblesse aussitôt qu'il aura conféré avec M. de Matignon. — La noblesse prêtera main-forte à M. de Pailhès.

Messrs, ayant entendu par le s^r de Pailhès, mon lieutenant general en mon comté de Foix, le desir que tous mes subjectz ont que j'y fasse ung voyage pour y faire cesser les desordres

---

(1) Varilhes, chef-lieu de canton, arrondissement de Pamiers.
(2) Sur la sédition de Foix, voir la lettre du 2 juin 1582.

que de long temps à mon grand regret y continuent par les menées d'aucuns particuliers et par l'industrie et artifice des perturbateurs de la paix publique, je vous ay bien voulu escripre la presente pour vous asseurer que je n'ay rien plus à cœur que de vous aller veoir, ce que j'executeray tout aussy tost que j'auray conferé avec mons^r le mareschal de Matignon, qui sera dans peu de jours (1). Cependant je vous prie de tenir la main chascun de vostre cousté à tout ce qui apartiendra au bien de la paix et de mon service, donnant toute faveur, assistance et respect audit s^r de Pailhès, selon le pouvoir que je luy en ay donné (2), et vous asseurer de la bonne et naturelle affection que je vous porte, laquelle je vous feray paroistre par tous bons et certains effectz, vous priant en faire estat. Comme aussi je prie Nostre Seigneur vous vouloir, Messrs, maintenir en sa très saincte protection.

De Nerac, ce XXIIIe jour de decembre 1582.

Vostre meylleur et plus afectyoné amy,
HENRY.

XXXVIII.

1583. — 20 FÉVRIER.

Orig. — Arch. de M. Eugène de Serres de Justiniac.

A MONS^R DE PALHEZ,

MON CONSEILLER ET CHAMBELLAN ORDINAIRE ET GOUVERNEUR
ET MON LIEUTENANT EN MON CONTÉ DE FOIX (3).

SOMMAIRE : La maladie de M. le maréchal de Matignon a retardé son voyage en Foix. — Prie M. de Pailhès de maintenir l'ordre dans le pays.

Monsr de Palhiès, j'estois tout prest de m'acheminer en mon conté de Foix après avoir veu mons^r le mar^{al} de Matignon sans qu'il est tumbé mallade et n'a peu venir sitost qu'il pensoit,

---

(1) Voir la lettre suivante.
(2) Voir la lettre du 27 janvier 1582.
(3) Blaise de Villemur. Voir la lettre suivante.

tellement que j'ay esté contraint de differer et actendre qu'il soit renforcé de sa malladye pour me venir trouver, ce qui sera dans huict ou dix jours, après lesquelz je ne faudray de m'acheminer incontinent (1); vous asseurant que si n'eust esté pour chose bien importante qu'il m'a fallu l'actendre pour parler à luy que rien ne m'eust retardé, car je sçay le besoing qu'il y a que j'aille de par delà; à quoy je vous prometz que je ne feray faulte, vous priant cependant d'entretenir tousiours les affaires en estat bon et tranquille au mieux qu'il vous sera possible. Et je prieray Dieu, Monsr de Pailhès, vous avoir en sa sainte garde.

Escript à Nerac, ce xxe febvrier 1583.

Vostre bon et afectyoné amy,
HENRY.

XXXIX.

1583. — 1er AVRIL.

Orig. — Arch. de M. Eugène de Serres de Justiniac.

A MONSIEUR ET COUSIN LE BARON DE S^T PAUL, SEIGNEUR DE BONAC (2).

SOMMAIRE : Prie M. de Pailhès de convoquer les États du comté de Foix.

Lo rey de Navarre comte de Foix.

Car et bien amat cousin, sus augunes causes concernentes nostre servicy, bien, repaus et souladgement de nostres subyectz en

---

(1) L'entrevue du roi de Navarre avec le maréchal de Matignon eut-elle lieu?... Ce qu'il y a de certain, c'est qu'il ne « s'achemina pas en son comté « de Foix » ainsi qu'il l'annonçait. Ce n'est pas qu'il n'en eût le désir, car au mois de novembre de cette même année, ayant encore besoin de conférer avec le maréchal de Matignon, il écrivait à M. de Bellièvre qu'il avait « advisé « de se rendre mardy à Estafort » pour voir ledit maréchal, parce qu'il désirait « bien tost partir d'icy pour aller en Foix » (*Collect. des Lettres missives de Henri IV*, t. IX, p. 10). Notons encore une troisième entrevue avec le même maréchal avant le voyage en Foix, à Astafort, les 23 et 24 mai 1584 (*Documents inédits relatifs à l'Histoire de l'Agenais*, publiés par M. Tamizey de Larroque, document LXII, lettre de M. de Bajaumont au roi Henri III, 28 mai 1584).

(2) Blaise de Villemur, seigneur de Saint-Paul et de Bonnac, et baron de Pailhès depuis la mort de son père Jacques, survenue à la fin de l'année 1582,

en nostre dit contat nous habem mandat assemblar las gens deus tres Estatz de quere; per so nous vous pregam de vous trouvar en nostre ville de Foix au xiie jour de jullet prochan venent per assistir a la dite assemblade et entender so que y sera propausat, concludyt et arestat. Et nous asseguran qu'ainsy lo faratz, pregaram lo Creator vous hauer, car et bien amat cousin, en sa s^te garde.

Escriut de Nerac, lo premier jour d'april 1583.

HENRY.

DE SAINT-PIC.

XL.
1583. — 17 SEPTEMBRE.

Orig. — Arch. de M. Eugène de Serres de Justiniac.

A MONS^R DE PALYÈS,
MON LIEUTENANT GENERAL EN MON COMTÉ DE FOIX.

SOMMAIRE : Ordre à M. de Pailhès de poursuivre le s^r de Labastide-Cazenave, pour le crime qu'il a commis contre le s^r de Turpin et sa famille. — Augmentation des revenus royaux sur la mine de fer.

Monsieur de Palyès, le s^r de Glatens, mon chancellier (1), m'a fait entendre lequel meschant acte qui a esté commis en la personne et maison de Turpin par le s^r de Labastide de Caze-

---

avait succédé à son père dans la charge de gouverneur général du comté de Foix. Les lettres de provision de ladite charge sont datées du 23 janvier 1583 (Chartrier du Grand Séminaire d'Auch, fonds Villemur). Blaise portait du vivant de son père le titre de baron de Saint-Paul.

(1) Louis du Faur, seigneur de Grateins, canton de Fousseret, au diocèse de Rieux, conseiller au grand conseil, puis au Parlement de Paris, et chancelier du roi de Navarre, frère aîné de l'auteur des *Quatrains*, Guy du Faur de Pibrac. Son fils unique épousa une des quatre filles du chantre de *La Semaine*, Guillaume de Saluste du Bartas, et en eut une fille, Anne du Faur, dame de Grateins, mariée, le 12 février 1608, à Jean-Charles du Frère, seigneur de Hardosse, en Condomois, auquel elle apporta la terre de Grateins (Arch. de M. le baron du Frère de Peyrecave).

nave (1) et la deliberation que vous avez prise pour reprimer tels hommes scelerés et assaisins, et generalement l'affection que vous avez au bien de la paix et à tout ce qui me touche ; en quoy je vous prie continuer et surtout vous employer et vos amis et les moyens du present en la punition et reparation d'un si execrable malefice ; et parce qu'il faut proceder par la voye de la justice, j'escrys à mons.^r le mareschal de Montmorency pour envoyer son prevost et le faire adresser à vous pour tenir la main forte à la justice, ainsi que vous verrez par la coppie de la lettre que je luy escript, laquelle je vous envoye ; que s'il vous envoye son prevost, je vous prie n'esparner rien pour faire un si bon et necessaire effet (2), lequel servira à establyr la paix et tranquilité publique par tout le pays (3). Ce que m'asseurant que vous vouldrez faire, je ne vous en diray davantaige si ce n'est pour vous prier de faire toujours certain estat de mon amityé, comme aussy je prie Dieu vous maintenir, Monsieur de Palyès, en sa très saincte garde.

De Pau, ce XVII septembre 1583.

Monsieur de Palyès, je vous prie tenir la main à ce que la commission que j'envoye pour l'augmentation de ce que j'ai accoustumé de prendre sur la mine de fer soit publié et executé.

(1) Jacques-Paul de Lordat, baron de la Bastide et de Cazenave dans le comté de Foix, épousa par contrat, passé au château d'Honoux, le 17 janvier 1577, Anne de Saint-Jean, fille de François de Saint-Jean, seigneur d'Honoux, et de Françoise de Thurin, et nièce du brave capitaine Honoux, Antoine de Saint-Jean, mort si glorieusement au siège de Poitiers, en 1569 (Voir *Mém. de Jean d'Antras*, p. 123).

(2) Nous ne pouvons donner aucun détail sur cette affaire. Les termes de la lettre laissent deviner un crime. Dans tous les cas il est sûr que le seigneur de La Bastide échappa au prévôt et à la corde, puisqu'il transigea le 7 juillet 1597 avec son frère, Paul-Jacques de Lordat, seigneur de Prunet (*Arch. généal. et hist. de la noblesse de France*, par Lainé, t. XI, généal. Lordat). Les deux frères appartenaient au parti catholique.

(3) On trouvera dans *l'Hist. de Foix*, d'Olhagaray, dans *l'Hist. du comté de Foix*, par Castillon d'Aspet, t. II, dans les *Annales de Pamiers*, de M. de Lahondès, les récits des excès lamentables auxquels se portaient les catholiques et les protestants. Tout le pays était en proie et c'est inutilement qu'en ce moment Armand du Ferrier, envoyé en Foix par le roi de Navarre pour « policer » son comté, tentait de rétablir la paix. Toute l'éloquence de sa « bouche d'or » aussi bien que son « style de fer » restèrent sans effet (Olhagaray, *ibid.*, p. 665).

Il ne sera pas besoing de publier la lettre de monsʳ de Montmorency afin que ceux qui y ont interest n'en soient pas trop tost adverty.

(*Aut.*) Je vous prye, Monsʳ de Pallyès, vous asseurer que je suys et desire demurer vostre antyerement bon et affectyoné amy,

HENRY.

XLI.
1583. — 29 DÉCEMBRE.
Orig. — Arch. de M. Eugène de Serres de Justiniac.

A MONSᴿ DE PAILLEZ.

SOMMAIRE : A reçu les députés du comté de Foix. — N'a pu encore se rendre en Foix à cause de la reprise de Mont-de-Marsan, mais partira dans douze ou quinze jours. — Prie M. de Pailhès d'avoir toujours l'œil et le cœur au repos et à la conservation de ses sujets.

Monsʳ de Paillez, j'ay entendu par les deputez qui m'ont esté envoyez, les desordres, excez et ravaiges qui se comectent en mon comté de Foix, et le desir et besoing que vous avez de ma presence qui a esté retenue par desçà à cause de la reprinse de possession de ma ville et maison de Mont-de-Marsan (1). Laquelle ayant faict mettre en quelque bon estat, j'ay resolu de m'acheminer incontinant en mond. comté suivant ma premiere deliberation pour y remectre toutes les choses en estat paisible soubz l'observation des edictz du Roy mon seigneur et obeissance des loix et de la justice et pourveoir à tout ce qui sera besoing pour

---

(1) La reprise de Mont-de-Marsan, dans la nuit du 21 ou 22 décembre, est un des plus hardis et des plus heureux coups de main du roi de Navarre. Nous ferons observer avec M. Tamizey de Larroque (*Documents inédits relatifs à l'hist. de l'Agenais*, nᵒ LXI), que l'on assigne trop souvent une date erronée à la prise de Mont-de-Marsan ; il en est qui se trompent de mois et qui mettent l'événement en octobre, comme du Plessis-Mornay qui cependant aurait dû être bien informé, puisqu'il fut rejoindre le roi de Navarre au moment où il « minutoit » l'entreprise ; d'autres se trompent d'année et font entrer le roi de Navarre à Mont-de-Marsan en 1581, le président de Thou, par exemple.

les affaires qui se presentent et entr'autre pour le repos commun, securité et conservation de mes subiectz, laquelle je tiens très chere. Vous priant cependant d'y avoir tousiours l'oeil et le coeur et en estre soigneux ainsi qu'avez demonstré jusqu'icy, attendant mon arrivée qui sera dans douze ou quinze jours au plus tard. A quoy m'assurant que vous tiendrez la main de tout vostre pouvoir je ne vous en diray davantage si ce n'est pour vous asseurer tousiours de ma bonne volonté en vostre endroit, comme aussi je prie Dieu vous tenir, Monsr de Paillez, en sa saincte [et] digne garde et protection.

Escript au Mont de Marsan, le XXIXe jour de decembre 1583.

Vostre byen afectyoné et assuré amy,
HENRY.

XLII.
1584. — 22 FÉVRIER.
Orig. — Arch. de M. Eugène de Serres de Justiniac.

A MONS{R} DE PAILHEZ.

SOMMAIRE : Est résolu de se rendre au comté de Foix vers le 15 mars prochain. A eu avis de la sédition survenue à Mazères. — Prie M. de Pailhès de se transporter sur les lieux et de rétablir le calme. — Le sr de La Nagerie lui prêtera son concours.

Monsr de Paillès, j'ay esté très ayse d'avoir entendu au vray par le sr de La Nagerie (1) l'estat des affaires de mon comté de Foix où je suis resolu aller au plus tard dans le quinziesme de mars prochain (2). Cependant je vous prye de continuer tousiours en la bonne affection qu'avez au bien de mes affaires et service. Et parce que j'ay esté adverti que ces jours passez il est survenu quelque division en ma ville de Mazeres, qu'il

---

(1) Joseph de La Nagerie, maître des requêtes (*Inventaire de la chambre des comptes de Pau*, arch. des Basses-Pyrénées, B. 2764). La Nagerie avait été envoyé dans le comté de Foix avec la mission d'aliéner une partie des terres et justices dépendantes du domaine royal pour subvenir aux frais de la guerre (Arch. de l'Ariège).

(2) Il ne s'y rendit que dans le courant du mois de mai.

a cuydé avoir grand tumulte en danger de sedition (1), qui pourroit à la fin estre cause de leur entiere ruyne, je vous prye vous transporter sur le lieu si besoing est et vous employer à y accomoder leurs differendz s'il est possible, et led. sieur de La Nageryé vous assistera tant en cela qu'en autres choses que vous congnoistrez y estre necessaires pour mon service, estant bien asseuré de sa bonne volonté et affection. N'estant la presente à autre fin, je prieray Dieu vous tenir, Monsr de Pallès, en sa saincte et digne garde.

Escript à Pau, le xxiie de fevrier 1584.

Vostre mylleur et plus afectyóné amy,
HENRY.

XLIII.
1584. — 9 juin.
Orig. — Arch. de M. Eugène de Serres de Justiniac.

A NOSTRE BEN AMAT LO Sor DE PAILLEZ ET DE BONNAC.

Sommaire : Prie M. de Pailhès d'assembler les États dans la ville de Foix le 18 juillet.

De par lo rey de Navarre comte de Foix.

Ben amat nostre, sus augunes causes concernentes nostre servicy, bien, repaus et soladgement de nostres subgectz nous habem mandar *(sic)* far assemblar las gens deus tres Estatz de nostred. comtat en nostre ville de Foix au xviiie du present mes prochan venent, auquoal jour et loc vous vous trouverats per entender las causas de la dite assemblade, concludir et arrestar sus aqueres, ainxi que sera advisat. Et esperan que no y failliratz, pregueram lo Creator vous tenir, ben amat nostre, en sa saincte guoarde.

De Mazeres, lo naual jorn de juing 1584.

HENRY.

BORDENAVE.

(1) Aucun historien ne fait mention de cette sédition de Mazères.

XLIV.

1584. — 16 JUILLET.

Orig. — Arch. de M. Eugène de Serres de Justiniac.

A MONS^R DE PAILLEZ.

SOMMAIRE : Lui annonce qu'il a l'intention d'être le 19 à Pamiers, pour de là aller assister à Foix à la conclusion des États du comté, et le prie de s'y rendre le plus tôt possible.

Monsr de Palliez, parceque j'ay resolu d'estre jeudy dix neufiesme de ce moys à Pamiès (1), pour de là me trouver incontinant en ma ville de Foix, à la conclusion des Estatz de mon comté et afin de pourveoir sur les remonstrances, requestes et doleances desd. Estats et à ce qui touche le repoz et solaigement de mes subiectz, j'ay bien voulu vous faire la presente pour vous advertir de mon intention et vous prier de vous rendre en mad. ville de Foix le plustost que vous pourrez, affin que par vostre bon advis, assistance et conseil il soit pourveu à ce que desus (2). A quoy m'asseurant que vous ne ferez faulte, je prieray Dieu vous tenir, Monsr de Palliez, en sa saincte et digne garde.

De Pau, ce XVIe de juillet 1584.

Vostre meylleur et plus afectyoné amy,
HENRY.

(1) Cette année 1584, le roi de Navarre visita à deux reprises son comté de Foix. Ce furent des visites d'adieu, il n'y devait plus revenir.

(2) Cet appel à l'assistance et aux conseils de Pailhès était le dernier que lui adressait le roi de Navarre. Il revenait dans le comté avec l'intention de le dépouiller de sa charge et d'en investir le baron d'Audou. C'est ce qu'il fit après la conclusion des États. Et comme si la dignité de gouverneur général n'eût pas suffi à Audou, le Roi lui donna encore celle de sénéchal du comté de Foix qu'il enleva à Henri d'Albret, baron de Miossens et de Coaraze, le fils de la femme remarquable (Suzanne de Bourbon) qui avait pris soin de son enfance au château de Coaraze et, en l'élevant à la *béarnaise*, avait, selon l'expression de d'Aubigné, « préparé un ferme coin d'acier aux nœuds endurcis de nos « calamités ». A dater de ce moment, Pailhès cessa de prendre part aux affaires du comté de Foix ; il quitta même le pays et nous ne l'y retrouverons plus que le jour où Henry de Navarre, devenu roi de France, fera de nouveau appel à son assistance et à ses conseils.

XLV.
1585. — 31 MARS.

Orig. — Arch. de M. Eugène de Serres de Justiniac.

[HENRY III A MONS^R DE PAILHÈS].

SOMMAIRE : L'invite à user de toute son influence auprès de ses amis pour les retenir à son service.

Monsr de Pailhès, mon cousin le duc d'Esparnon m'a asseuré de la bonne affection que portez au bien de mon service (1), ce que je me suis tousjours promis de vostre asseurée fidellité, vous priant d'y continuer et vous employer aussy envers voz amys et ceulx de vostre congnoissance pour les retenir en la mesme devotion à mond. service sans se laisser aller à aulcun aultre party (2); leur remonstrant que le meilleur et plus seur est de se tenir de mon costé et que m'ayant Dieu constitué roy souverain sur eulx il les a obligez ainsy qu'ilz sont naturellement à me rendre toute fidellité et obeyssance; comme aussy mon intention

---

(1) L'intervention du duc d'Épernon s'explique par le voyage qu'il avait fait l'année précédente dans le comté de Foix. Henry III l'avait envoyé en ambassade vers le roi de Navarre, au sujet de la mort du duc d'Anjou. L'entrevue du Roi et du duc eut lieu à Pamiers, du 19 au 26 juin 1584. Henry de Navarre était entouré de toute la noblesse de son comté de Foix. C'est durant son séjour à Pamiers que le duc d'Épernon dut entrer en relations avec Pailhès. Je ne sais pourquoi le savant annaliste de Pamiers, M. de Lahondès, a émis un doute sur cette entrevue de Pamiers (*Annales de Pamiers*, t. II, p. 54). Rien n'est plus certain que ce fait, tous les détails en sont connus et sont rapportés par les historiens, voir notamment *La vie de M. du Plessis-Mornay*, p. 81. L'entrevue de Pamiers fut suivie d'une seconde entrevue à Pau, au commencement de juillet, et d'une troisième à Nérac, dans les premiers jours du mois d'août. On sait le peu de succès qu'eut l'ambassade du duc d'Épernon, et comment la guerre de la Ligue éclata au commencement de l'année 1585.

(2) Il est facile de comprendre qu'après la mesure violente prise par le roi de Navarre contre le baron de Pailhès, lors de la conclusion des États de Foix, au mois de juillet 1884 (voir la lettre précédente), le roi de France ait cherché à s'attacher l'ancien gouverneur du comté de Foix. Nous ne savons quel parti prit Pailhès, s'il fut ligueur, navarrais ou royaliste. Il semblerait cependant qu'il prit ce dernier parti, s'il faut s'en rapporter à une notice manuscrite rédigée en 1610, et faisant partie des archives de M. E. de Serres de Justiniac, dans laquelle il est dit qu'après sa disgrâce le baron de Pailhès « se rendit en France es armées du roy de France ».

est de les favorablement traicter. Et je recougnoistray le service que me ferez en cest endroict selon que les occasions s'en presenteront. Cependant je prie Dieu, Mons' de Pailhès, vous avoir en sa saincte et digne garde.

Escript à Paris, le dernier jour de mars 1585.

HENRY.

XLVI.
1586. — 9 MARS.
Orig. — Archives de l'Ariège (1).

A NOSTRES CARS ET BIEN AMATZ LOS CONSOLZ DE NOSTRE VILLE DE FOIX.

SOMMAIRE : Convoque les consuls de Foix aux États du comté, au premier juillet prochain.

Lo REY DE NAVARRE, COMTE DE FOIX.

Cars et bien amatz, sus augunes causes concernentes nostre servicy, bien et repaus de nostres subiectz en nostre comtat de Foix nous habem mandat assemblar las gentz deus tres Estatz de quere, per so vous vous trouveratz en nostre ville de Foix au premier jour de juillet prochan venent ou ung ou dus de vous haben suficient poder deus autres per assistir a lad. assemblade et entender so que y sera propausat et arrestat. Et atant pregueram lo Creator, cars et bien amatz, vous tenir en sa goarde.

A Pau, lo IX^{al} jour de mars 1586.

HENRY.

DE SAINT-PIC.

(1) Document transmis par M. Félix Pasquier, archiviste de l'Ariège.
(2) Arnaud de Saint-Pic, secrétaire du roi de Navarre, avait sans doute la spécialité des lettres écrites en gascon; toutes celles qu'il contresigne sont rédigées dans cette langue.

XLVII.

1588. — 12 DÉCEMBRE.

Orig. — Archives de l'Ariège (1).

A NOZ CHERS ET BIEN AMEZ LES CONSULZ, MANANS ET HABITANS DE NOSTRE VILLE DE FOIX.

SOMMAIRE : Les prie de faire bon accueil au sieur de Montlouet qu'il envoie pour commander dans le comté de Foix.

Le roy de Navarre, comte de Foix.

Chers et bien amez, d'aultant que nous envoions le s^r de Montlouet, ung de nos conseillers et chambellans ordinaires, en nostre comté de Foix pour y commander generallement en nostre absence (2), nous vous avons vollu faire ceste-cy afin que vous l'honoriés, respectiés et luy obeissiés tout ainsi que vous feriés à nostre propre personne en tout ce qu'il vous requerra pour le bien de nostre service. Et nous assurant de vostre bonne affection en cest endroit et que vous n'y fairés faulte, ne vous en dirons davantage fors pour prier le Createur, chers et bien amez, vous tenir en sa saincte garde.

De La Rochelle, ce xiie decembre 1588.

HENRY.

De Lomenie (3).

---

(1) Document transmis par M. F. Pasquier.
(2) François d'Angennes, seigneur de Montlouet, conseiller et chambellan du roi de Navarre, remplaçait Audou dans le gouvernement du comté de Foix. La démission forcée de ce dernier était le résultat de l'irritation extrême que son despotisme outré et sa dureté de caractère avaient excitée chez les catholiques et chez les réformés.
(3) Antoine de Loménie, seigneur de La Ville-aux-Clercs, avait débuté par une place de simple secrétaire du roi de Navarre avant de devenir son ambassadeur en Angleterre et plus tard secrétaire d'État.

XLVIII.

1589. — 19 AOUT.

Orig. — Arch. de M. Eugène de Serres de Justiniac.

[CATHERINE DE NAVARRE] A MONS^R DE PAILLÈS.

SOMMAIRE : Lui annonce la mort de Henry III, l'avènement du roi de Navarre à la couronne de France, et fait appel à sa fidélité.

Monsr de Paillès, vous avez entendu la trayson detestable qui a esté executée en la personne du feu Roy et les signes d'amour qu'il montra aux dernieres instants de sa mort (1) envers le Roy mon seigneur et fraire, appresent regnant, ayant vouleu que comme son fils et heritier tous les mareschaulx de France, officiés de la couronne, capp^{nes} de l'armée qui à ce furent appellés tant du royaume que estrangers promissent de luy estre fidelles subiectz comme à leur Roy legitime. Et pour ce que vous sçavez le droict qu'il plaist à Dieu luy avoir donné et la nature luy a acquis en ceste couronne, oultre telles sainctes et justes demonstration du deffunt Roy, je vous prye de luy continuer cette meme fidellité que vos predecesseurs et vous avez rendu au bien et conservation de l'Estat. Vous savez ce qui est du à Sa Majesté, très bonne nourriture vous en a tant aprins que n'est ja besoin de vous le representer, mais seulement me suffira vous exhorter de l'aymer et servir avec la mesme affection et humble obeissance que vous entendez luy estre deue, et ce faisant adviser les choses que par vostre creance et bonne amytié vous pourrez effectuer pour son service, afin que les effetz de vostre bonne volonté aillent autant avant que vostre reputation et les moyens du lieu dont vous estes yss eu pourront s'estendre; et oultre le bon gré que le Roy mon dit seigneur vous en sentira, je seray fort ayse de faire paroistre en tous endroicts combien vous m'estes, Monsr de Paillès...

A Pau le xixe d'aoust 1589.

Vostre meilleure amye,
CATHERINE DE NAVARRE.

(1) Frappé par le couteau de Jacques Clément, le 1er août 1589, Henri III expira le lendemain.

XLIX.

1589. — 21 SEPTEMBRE.

Orig. — Archives de l'Ariège (1).

[CATHERINE DE NAVARRE] A NOSTRES CARS ET BIEN AMATZ LOS CONSOLZ DE FOIX.

Sommaire : Convocation des consuls de Foix aux États du comté au 15 octobre prochain.

De par madame sor unicque deu Rey, princesse de Navarre, regente loctenente generalle et representan la personne de sa magestat.

Cars et bien amatz, sus augunes causes concernentes lo servicy deu Rey nostre tres honorat seignor et fray vostre comte, et lo bien, repaus et soulagement de sous subietz deud. comtat, nous habem mandat assemblar las gens deus tres Estatz dequet en la ville de Foix, au quinz^{me} d'octobre de prochan venent; au quoal, jour et loc nous desiram et vous mandam, en vertut de nostre poder, que vous trouvetz un ou deus de vous ad aqueres fins cometutz et depputatz, haben susso sufficient poder, per entender las causes de lad. assemblade, concludir et arrestar suus aqueres aixi que sera advisat. Et esperan que no y falliratz, pregam lo Creator vous tenir, cars et bien amatz, en sa s^{te} et tres digne goarde.

De Pau, lo xxi de septembre 1589.

CATHERINE DE NAVARRE.

De Sainct Pic.

(1) Lettre communiquée par M. Pasquier, archiviste de l'Ariège, ainsi que deux autres lettres de la même princesse adressées aux consuls de Foix sur le même sujet et identiques à celle-ci, datées l'une de Pau, le 15 juillet 1590, et assignant la réunion des États au 31 juillet suivant, l'autre, aussi datée de Pau, le 25 avril 1591, et assignant la réunion des États au 20 mai suivant (Archives de l'Ariège).

L.

1590. — 1ᵉʳ AVRIL.

Orig. — Arch. de M. Eugène de Serres de Justiniac.

[PASSEPORT POUR M. DE PAILHÈS S'EN RETOURNANT AU COMTÉ DE FOIX].

DE PAR LE ROY.

A tous noz lieutenans generaux, gouverneurs de noz provinces, mar^{aux} de France, cap^{nes} et conducteurs de noz gens de guerre tant de cheval que de pied, bailliz, seneschaux ou leurs lieutenans, maires, consulz et eschevins de villes, cap^{nes} et gardes des portes d'icelles, pontz, portz, peages et passages et autres qu'il apartiendra, salut. Nous voulons et vous mandons que, s'en retournant en nostre païs et comté de Foix le s^r de Palliez accompaigné de trente chevaulx avec leurs armes (1), vous aiez à les laisser librement et seurement passer et aller par chacun de voz pouvoirs, jurisdictions et destroicts, sans luy donner et à sa compaignie aucun trouble ou empeschement, ains faveur et assistance, leur faisant administrer les vivres et logis necessaires avec les guides

---

(1) Le voyage du baron de Pailhès vers Henry IV et son retour au comté de Foix se rattachent à une nouvelle intrigue du baron d'Audou. On a vu plus haut (lettre du 12 décembre 1588) que le seigneur de Montlouet l'avait remplacé dans ses charges de sénéchal et de gouverneur du comté de Foix. Audou supportait impatiemment cette disgrâce : il profita de l'absence de Montlouet, appelé auprès du Roi à la fin de 1589, pour tâcher de revenir au pouvoir. Ses partisans s'agitèrent, la ville de Pamiers se déclara pour lui, les deux premiers seigneurs du comté, le vicomte de Foix-Rabat et le baron de Pailhès épousèrent sa cause, les États furent convoqués à Foix le 15 février 1590, et, malgré la vive opposition de plusieurs députés, il fut décidé que le baron de Pailhès, le juge-mage d'Usson et le sieur de Beaulias iraient demander au Roi le rétablissement d'Audou dans les charges de sénéchal et de gouverneur. Pailhès partit avec une escorte de trente chevaux et rapporta la nomination d'Audou signée du Roi. Qui se serait attendu à une pareille démarche de la part de celui qu'Audou avait dépouillé en juillet 1584? (Voir lettre du 16 juillet 1584, note 2).

dont serez par luy requis en paiant raisonablement. Car tel est nostre plaisir.

Donné au camp de Corbeil, ce premier avril 1590.

HENRY.

Par le Roy,
Forget.

LI.
1594. — 18 OCTOBRE.

Orig. — Arch. de M. Eugène de Serres de Justiniac.

A MONS^r DE PAILHÈS.

Sommaire : Lui annonce qu'il a chargé le sieur de Cornusson de veiller à ses affaires dans la sénéchaussée de Toulouse, et le prie de l'assister en toute occasion.

Monsr de Pailhès, j'ay donné charge au s^r de Cornusson d'embrasser ce qui se presente par delà pour mon service (1) mesmes en ce qui est de la senechaussée de Tholouze dont il a la charge; en quoy je sçay qu'il travaille de tout son pouvoir, et y a bonne apparence qu'il le fera fort utillement, mesmes s'il est assisté de mes autres serviteurs, lesquelz j'en ay bien voullu advertir

---

(1) Jean de La Valette, baron de Cornusson, fils de François de La Valette (voir lettre du 5 avril 1579), avait succédé à son père, en 1586, dans la charge de sénéchal de Toulouse. Il embrassa d'abord avec ardeur le parti de la Ligue, mais l'abjuration de Henry IV, en 1594, le ramena au parti royaliste, auquel il resta depuis constamment attaché. Henry lui rendit cette même année le gouvernement de Toulouse (*Hist. du Languedoc.* — *Hist. généal. des pairs de France*, par Courcelles, t. I, généal. La Valette). J'ai publié dans mon étude biographique sur *François de Tersac, baron de Montleraut* (voir *Revue de Gascogne*, année 1871), une lettre adressée par Henry IV à Jean-François du Pac, seigneur de Badens, de laquelle j'extrais le passage suivant relatif à la nomination de Cornusson : « L'asseurance que le s^r de Cornusson, sen^{al} de Tholouse, m'a donnée
« de sa fidelité et affection à mon service et dont j'ai pris entière confiance, m'a
« meu pour l'autoriser en ceste bonne volunté et luy donner moyen de la rendre
« plus utile au bien de mondit service, de luy donner le commandement pour
« le faict des armes en sa seneschaussée, comme avoit le feu s^r de Cornusson
« son père par commission du feu Roy, etc. Escript au camp devant Laon,
« ce xxvie jour de juin 1594 ».

et leur recommander de ce faire comme l'occasion le merite bien. Et vous ayant de tout temps congneu des plus affectionnez, je n'ay pas voullu omettre de vous prier particulierement d'avoir tousiours bonne intelligence et correspondance avec led. s^r de Cornusson, affin que quand il aura en main quelque subiect de merite pour le bien et advencement de mes affaires vous y puissiez accourir et le fortiffier de vostre bonne assistance; vous asseurant que je tiendray le service que vous me ferez avec luy en mesme consideration que si vous le faisiez en ma presence, et n'auray pas moins de soing de vous en recongnoistre. Priant Dieu, Monsr de Pailhès, vous avoir en sa saincte garde.

Escript à Paris, le xviiie jour d'octobre 1594.

HENRY.

Forget.

LII.
1595. — 31 AOUT.

Orig. — Archives de l'Ariège (1).

A NOZ CHERS ET BIEN AMEZ LES CONSULS, MANANS ET HABITANS DE NOSTRE VILLE ET CONSULAT DE FOIX.

Sommaire : Leur annonce qu'il envoie au maréchal de Matignon un règlement pour faire cesser les maux qui sont arrivés dans la ville de Foix depuis le dernier jour de juin.

De par le Roy.

Chers et bien amez, nous plaignons voz miseres qui sont proceddées par la faulte de ceulx qui au lieu de vous soulager en ont esté la cause (2). Pour y remedier nous avons faict ung reiglement que nous envoyons à nostre cousin le mareschal de Matignon pour le faire observer, lequel s'il est bien suivy, comme

(1) Document transmis par M. F. Pasquier.
(2) Allusion à la querelle du baron d'Audou et du capitaine Le Comte, gouverneur de la ville de Foix. Voir les deux lettres suivantes.

nous nous promectons, les maux qui despuis le dernier jour de juing sont arrivés en nostre d. ville cesseront. Nous avons faict veoir en nostre conseil les articles que vostre deputté nous a presentez de vostre part, ausquelz nous avons respondu ainsy qu'il est plus au long contenu au marge d'iceulx, vous asseurantz qu'en tout ce qui despendra de nous pour vostre repos et contentement vous nous y trouverez aussy disposé que vous le sçauriez souhaiter. Et atant nous prierons Dieu vous avoir, chers et bien amez, en sa saincte et digne garde.

Escript à Lyon, le dernier jour d'aoust 1595.

HENRY.

Forget.

LIII.
1596. — 12 FÉVRIER.
Orig. — Archives de l'Ariège (1).

A NOZ CHERS ET BIEN AMEZ LES CONSULZ, MANANS ET HABITANS DE NOSTRE VILLE DE FOIX.

Sommaire : A grand désir de voir se terminer le différend qui est entre le sieur d'Audou et le capitaine Comte. — Envoie le sieur de Rochemaure pour informer sur les plaintes que les consuls ont faites à ce sujet. — Leur promet bonne justice.

De par le Roy.

Chers et bien amez, vous verrez par la responce que nous avons faicte au cahier qui nous a esté presenté de vostre part le desir que nous avons de terminer le differend qui est entre le s^r Dodoux et le capp^{ne} Conte (2), d'où nous voyons que provient tout le

(1) Lettre communiquée par M. F. Pasquier.
(2) Jean Le Comte, enseigne des gardes, était capitaine du château de Lectoure, depuis le mois de janvier 1582 (*Lettres missives*, t. VIII, p. 217), lorsque le roi de Navarre l'envoya à Foix en 1583, à la place du seigneur de Brenieu qui le remplaça à Lectoure (voir p. 35 et Arch. de Pau, B. 2675). Il épousa, en 1594, Marie Lebel, femme de chambre de Marguerite, reine de Navarre, et reçut à l'occasion de son mariage une gratification de Henry IV (Arch. de Pau, B. 3153, 3179). Nous ne saurions dire avec certitude quel fut le sujet

tumulte qui est par delà, et aussy la delegation que nous avons faicte du sr de Rochemaure, l'un de noz maistres des requestes, pour se transporter sur les lieux et nous certiffier de la verité des plainctes contenues en vostre dict cahier, pour après vous en faire raison et justice, comme vous la debvez attendre de nous bonne et favorable. Il fault que de vostre part aussy vous y apportiez toute la douceur et moderation qu'il sera possible, affin qu'il se puisse establir un bon et asseuré repos en nostre dicte ville, laquelle nous aurons tousiours en bonne et particuliere consideration.

Donné à Folambray, ce xiie fevrier 1596.

HENRY.

Forget.

LIV.

1596. — 14 FÉVRIER.

Orig. — Archives de l'Ariège (1).

A NOZ CHERZ ET BIEN AMEZ LES CONSULZ, MANANS ET HABITANS DE NOSTRE VILLE DE FOIX.

Sommaire : Leur annonce qu'il envoie vers eux le sieur de Rochemore pour informer des foules et vexations survenues au comté de Foix à l'occasion de la querelle du sieur d'Audou et du capitaine Comte, et les prie de lui fournir main-forte.

De par le Roy.

Chers et bien amez, suivant ce que nous vous avons cy devant mandé par vostre depputté que vous aviez depesché vers nous, envoyant le sr de Rochemore, l'un de noz maistres des requestes

---

de sa querelle avec Audou, mais nous présumons qu'il s'agissait des citadelles qu'Audou avait fait construire à Foix et de leurs garnisons auxquelles il prétendait commander. Audou voulait aussi exiger de la ville de Foix le remboursement des frais qu'il avait faits pour élever ces citadelles (voir plus bas la lettre du baron d'Audou). Le capitaine Comte prit la défense des fuxéens, et Audou, « dont la partialité guerrière s'accomodait mal des mesures « conciliantes de son lieutenant » (*Foix et Comminges*, par E. Roschach, p. 472), l'assiégea dans le château, au mois de juin 1595.

(1) Lettre communiquée par M. F. Pasquier.

ordinaires, pour noz affaires en Languedoc (1), nous lui avons ordonné de passer jusques à nostre paix et conté de Foix pour informer des foulles et vexations que y ont receu noz subiectz à l'ocasion de la querelle qui est entre le s^r Daudoux, nostre lieutenant general aud. pais, et le capp^{ne} Conte et des procedures des ungs et des autres, pour en pouvoir après mieulx ordonner et juger comme c'est nostre intention. A ceste cause Nous vous ordonnons de recevoir led. s^r de Rochemore avec le respect qui est du à sa qualité et l'assister en l'execution de sa charge de tout ce qui desirera de vous, recognoissans que tout cest ordre et procedure que nous y tenons n'est que pour vostre particulier bien et repos et vous descharger des oppressions dont vous nous avez faict tant de plaintes.

Donné à Follambray, le xiiiie jour de fevrier 1596.

HENRY.

Forget.

LV.
[1596] (2).
Orig. — Archives de l'Ariège.

[LE BARON D'AUDOU] A MESSIEURS DE CONSULZ DE FOIX, A FOIX.

Sommaire : Se plaint des bruits que l'on fait courir sur son compte au sujet des frais occasionnés par la garnison des citadelles. — Se justifie des accusations portées contre lui au sujet de la construction de ces citadelles.

Messieurs les consulz, j'ay entendu comme certains ont vouleu semer parmy vous que je voulois me faire ranvorser les frais que

---

(1) Louis de Rochemore, dit de Bordes, seigneur de Galargues, président au présidial de Nîmes et maître des requêtes, venait de terminer l'accommodement du duc de Joyeuse avec le Roi (Folambray, 24 janvier 1596); lorsqu'il fut commis par le Roi pour achever la pacification du Languedoc, en réunissant le parlement de Castel-Sarrazin à celui de Toulouse (février 1596) (*Hist. du Languedoc*, t. v, p. 484. — *Annales de Toulouse*, par Lafaille, t. ii, p. 510, 511. — *Hist. du Parlement de Toulouse*, par Dubédat, t. i, p. 600, 601 et suiv. — *Nobiliaire de Saint-Allais*, t. xiv, p. 121, *ibid.*, t. xvii, p. 493, 494).

(2) Cette lettre, communiquée par M. Pasquier, n'est pas datée; nous lui avons donné la date de 1596, parce qu'elle renferme une allusion à la mission

la garnison des sitadelles m'a appourtté à vous et à ceulx de vostre ville, qu'est une pure mensonge et invantion de ceulx qui ne desirent que vostre ruine (1) et qui ont viollé en tout vous privilieges et franchises que vous devez estre sy soygneus de garder que vous vies propres pour estre une eternelle memoire à ceulx qui viendront après vous. Or je vous prie doncq faire entandre à tout le puble que les sitadelles n'ont esté jamais faictes que pour y faire observer ce qui estoict de l'intantion du Roy et pour vous garder d'opresion, et que vous coustumes et privilieges fusent remis en leur premier estat. Sela estant et que vous y voyez assurance d'este continuation, les sitadelles sont en vous mains pour les raser et mettre en fons lorsque le Roy le vous commandera, sans que autre en pranne la peyne ny reçoive l'honneur de le faire. Et quant vous mettrés ces motz à la responce de Mr de Rochemaure n'y a point de mal. Qu'est tout ce que je vous diray sinon que je suis, Messieurs de consulz,

Vostre bien bon et affectionné amy,
CLAUDE DE LEVIS.

de Rochemore en Languedoc, mars-avril 1596. Rochemore ne dut aller au comté de Foix qu'après avoir terminé les affaires de Toulouse, c'est-à-dire vers le mois de mai. Audou était à cette époque près de la personne du Roi. Il ne rentra dans le comté qu'au mois d'août 1596. Voir les lettres suivantes.

(1) Pour trouver l'explication de ces faits il faut remonter à l'année précédente, durant laquelle Audou, sur l'ordre du duc de Ventadour, plaça des garnisons dans vingt-deux places du comté de Foix, et les assura au parti protestant. La ville de Foix avait vu s'élever plusieurs citadelles et sa garnison renforcée. Ces conquêtes et cette mise sur le pied de guerre des places fortes du comté avaient entraîné le baron d'Audou à de grandes dépenses. Il se rendit, en janvier 1596, aux États de la province du Languedoc, assemblés à Pézénas, et demanda à être remboursé, *non point par la ville de Foix*, mais par la province tout entière des dépenses qu'il avait faites. L'assemblée rejeta sa demande, en motivant son refus sur ce qu'il avait agi sans commission ; ensuite sur ce que le pays de Foix étant indépendant, et ne contribuant en rien aux charges de la province, c'était à lui seul de payer l'indemnité (*Hist. du Languedoc*, t. v, p. 477. — *Hist. du comté de Foix*, par Castillon d'Aspet, t. II, p. 313). Relevons à ce propos une erreur commise par l'auteur que nous venons de citer, au sujet de la réunion des États du Languedoc, dont il fait une assemblée de réformés, et qu'il assigne à Blois en 1596.

LVI.
[1596]. — 12 JUIN.

Orig. aut. — Arch. de M. Eugène de Serres de Justiniac.

A MONS^r DE PAYLLÈS.

SOMMAIRE : Éloge du fils de M. de Pailhès et prière de le renvoyer bientôt. — Regrets que M. de Pailhès ne puisse prendre part à la guerre.

Mr de Paylès, vous saurés de mes nouvelles par vostre fys (1), luy ayant donné congé de vous aller trouver et commendé de revenyr au plus tot de peur qu'yl n'oublye ce qu'yl a commancé d'aprandre et qu'yl ne ce trouve aus ocasyons quy ce presantent tous les jours, de quoy ie m'assure que vous ceryés trop marry et que vos aferes vous ampeschent d'y avoyr part.

Je l'ayme et pour l'amour de vous et de luy, que sy jusques ycy ie n'ay peu fere ce qu'yl eut desyré j'espere que l'ocasyon

---

(1) Georges de Villemur, fils aîné de Blaise et filleul du cardinal Georges d'Armagnac, son grand-oncle, se rendit digne, par sa bonne conduite et sa valeur, de l'affection et de l'estime que Henry IV lui témoigne dans cette lettre. Ayant eu une jambe emportée par un coup de canon au siège de Guise, il se retira du service avec une pension de 1,200 écus, et l'abbaye de Boulbonne pour son frère Jacques. De son mariage, contracté le 4 mars 1603 avec Catherine d'Estaing, il eut : Anne de Villemur, baron de Pailhès, marié le 9 mars 1632 à Marie-Andrée-Catherine de Comminges-Peguillan. Anne servit comme ses prédécesseurs et commanda le ban et l'arrière-ban de la noblesse de Comminges, sous le prince de Condé, au siège et à la prise de Salces, en Roussillon, en 1639. Une lettre qu'il reçut à ce sujet de Henry de Bourbon, que déjà on appelait le *Grand* Condé, ne sera pas déplacée, croyons-nous, à côté de celle de Henry le *Grand*. Elle est extraite des mêmes archives :

« Monsieur, l'intention du Roy aiant esté de fortiffier ses armées du plus
« grand nombre de noblesse qu'il se pourroit, Sa Magesté avoit pour cet effect
« faict publier le ban et arriere ban de ses provinces. Ce que ne reussissant
« pas comme elle s'estoit proposé à cause de l'exemption de la plus grande
« partie des gentilshommes, j'ay creu touttes fois que leur faisant cognoistre
« la volonté du Roy ilz se disposeroient à venir servir nonobstant les dictes
« exemptions. C'est ce qui me donne maintenant subiect de vous prier de faire
« sçavoir aux gentilshommes du comté de Commenge qu'ils rendront un service
« au Roy aussi utile qu'en mon particulier je leur en seray obligé, de s'ache-
« miner par deçà le plus tost qu'il se pourra, où les affaires se disposent à une
« bataille, qui est une occasion si importante pour ceux de leur condition que
« ie n'estime pas qu'aucun d'eulx y veuille manquer. Je vous envoie une routte
« pour venir et ay faict donner un quartier sur la frontiere pour vous recepvoir,
« duquel ie ne faictz estat de vous attirer près de moy que dans la nécessité

s'an presantera byentost, laquelle ie ne perdray nullemant. Croyés le, Mr de Paylès, et me le ranvoyés de peur qu'il ne (1).......
..... Dieu. Ce xiime juyn, à Abevylle (2).

HENRY.

LVII.
1596. — 22 AOUT.
Orig. — Arch. de M. Eugène de Serres de Justiniac.

A NOZ CHERS ET BIEN AIMEZ LES GENS DES TROIS ESTATZ DE NOSTRE COMTÉ DE FOIX.

SOMMAIRE : Leur annonce qu'il a chargé M. de Pailhès de les réunir à Foix. — Les prie de voter la donation accoutumée pour qu'il puisse subvenir aux frais de la guerre.

DE PAR LE ROY, COMTE DE FOIX.

Chers et bien aimez. Comme nous avons tousiours receu des tesmoignages particulliers de vostre bonne volonté à nostre service, nous n'avons aussy rien eu en plus grande recomman-

« de l'occasion. La diligence est extremement necessaire, les ennemis comman-
« çants desià à former leur gros par delà Perpignan, ce qui me faict vous prier
« de ne point perdre de temps ; vous asseurant que je rendray service à ceux
« qui vous accompagneront, et à vous d'aussy bon cœur que je suis, Monsieur,
« vostre très affectionné à vous servir.

« HENRY DE BOURBON. »

« De la Palme, le iie juillet 1639.

« La cavallerie m'estant extremement necessaire, je vous prie de composer
« la trouppe que vous amenerés non seulement de gentilshommes mais encore
« de tous ceux faisant profession des armes qui sont dans la senechaucée
« de Comminges, sans faire consideration aucune sur les exemptions qu'ils vous
« pourront proposer. »

[Au dos]. « A Monsieur, Monsieur le baron de Palliès, commandant la
« noblesse de Comminges. »

Rappelons qu'un fils d'Anne de Villemur, Pierre, marquis de Pailhès, épousa la petite nièce de Jean d'Antras, l'auteur des *Mémoires d'un capdet de Gascogne*, Jeanne de Monlezun, dame de Samazan et de Ricourt en Pardiac, héritière de la branche aînée de la maison d'Antras. Voir les *Mémoires* plus haut cités, édités par MM. J. de Carsalade du Pont et Tamizey de Larroque, p. 200.

(1) Déchirure.
(2) Cette lettre n'a pas de millésime. Nous lui avons donné celui de 1596 d'après l'*Itinéraire de Henry IV*.

dation que de pourveoir autant qu'il nous a esté possible à vostre repos et soulagement; pour la continuation desquelz, ne pouvans entendre par voz bouches mesmes les plaintes et doleances que vous avez à nous faire, nous envoyons au s^r de Pailliès noz lettres de commission pour vous convocquer et assembler suyvant la forme accoustumée en nostre ville de Foix. A ce qu'estans par luy advertiz de ce que vous desirez de nostre singuliere affection en vostre endroit nous taschions de vous y rendre des effaictz conformes à icelle. Comme nous esperons aussy que de vostre part vous vous efforcerez d'autant plus à la donation que vous avez accoustumé nous faire chacuns ans, que vous voyez la continuation des grands effortz de noz ennemys nous contraindre à des despances extraordinaires pour empescher le cours de leurs pernitieuses entreprises, et randre en ce faisant tous noz subiectz jouissans d'un repos asseuré. A quoy nous n'epargnerons jamais rien mesme en ce qui deppandra de vostre particullier qui nous sera tousiours fort recommandable. Et en ceste asseurance prierons Dieu vous avoir, chers et bien aymez, en sa saincte garde.

A Fontainebleau, ce XXIIe jour d'aoust 1596.

HENRY.

PANCHEURE (1).

LVIII.
1596. — 22 AOUT.

Orig. — Arch. de M. Eugène de Serres de Justiniac.

A MONS^R DE PAILHÈS,
MON CONSEILLER ET GENTILHOMME ORDINAIRE DE MA CHAMBRE.

SOMMAIRE : Déplaisir que lui causent les souffrances du comté de Foix. — Ordonne à M. de Pailhès d'assembler les États. — Demande le vote des donations comme par le passé. — Désire même qu'elles soient augmentées pour lui permettre de suffire aux frais de la guerre.

Monsr de Pailliès, si je pouvoys aussy bien pourvoir aux miseres et callamitez de tous mes subjectz que le seul souvenyr d'icelles

---

(1) Jean Pancheure, sieur de La Lamberdière, avait été secrétaire du roi de Navarre avant de l'être du roi de France (Arch. de Pau, B. 2397).

m'aporte de desplaisir, ceulx de mon comté de Foix ressantyroint pour ce regard autant de soulagement qu'ilz en doibvent attandre de mon affection particulliere en leur endroict; laquelle dezirant faire paroistre en toutes les occasions qui s'en pourront jamais presanter, je vous ay faict expedier une commission pour assambler suyvant la forme accoustumée les Estatz du païs en ma ville de Foix (1), à ce qu'estant par ce moïen informé des plaintes et dolleances de mesd. subiectz je puisse d'autant mieux satisfaire à ce qu'ilz desirent de moy qui m'asseure tant de vostre bonne vollonté à mon service que vous les disposerez à me continuer non seulement la donation ordinaire, mais l'augmanter s'il est possible comme vous pouvez croire que je suys reduict pour satisfaire aux fraitz de cete guerre à des despances insuportables. Je leur en pry, avecq asseurance de leur tesmoigner aussy de ma part autant ou plus [les] effaictz de ma bienveillance envers eux qu'ilz en ont jusques à present receu, ce que vous leur confirmerez encor. Et sur ce je prieray Dieu vous avoyr, Monsr de Pailliès, en sa saincte garde.

A Fontainebleau, ce XXIIe jour d'aougst 1596.

HENRY.

Pancheure.

LIX.

1596. — 13 SEPTEMBRE.

Orig. — Arch. de M. Eugène de Serres de Justiniac.

A MONS^R DE PAILLÈS.

SOMMAIRE : Le seigneur d'Audou est renvoyé dans le comté pour assembler les États. — M. de Pailhès est prié de le seconder et de prendre les intérêts du Roi.

Monsieur de Paillez, je vous ay envoyé une commission pour tenir les Estatz de mon comté de Foix ceste année, d'aultant

---

(1) En l'absence du seigneur d'Audou, sénéchal du comté. Voir la lettre suivante. Bien qu'il n'eût plus aucune charge officielle depuis que celle de gouverneur général lui avait été enlevée en 1584, Pailhès n'en avait pas moins conservé assez d'autorité dans le comté pour que le Roi lui confiât la mission d'assembler les États.

que le sieur de d'Audon, mon seneschal et gouverneur en icelluy, estoit près de moy et que j'estois incertain du temps que je le pourrois renvoyer (1). Mais à presant je luy ay permis de partir (2) et l'ay esclaircy de mon intention sur les affaires de mondit comté pour l'ensuivre à le faire entendre à tous mes subiectz affin qu'ilz me rendent et continuent l'obeissance qu'ilz me doibvent, ce qu'il ne sçauroit faire plus à propos qu'en ladite assemblée d'Estatz. Pour ceste cause je luy ay faict despecher une autre commission pour les tenir et vous faiz ceste-cy pour vous dire et ordonner que, si vous n'avez commencé ou faict ladite convoquation d'Estatz lorsque vous la recepvrez, vous la differiez. Je fais mesme commandement aux scindicz de mondit comté pour le notifier à tous mes dictz subiectz et les assigner pour se trouver à ladite assemblée au jour et lieu que ledict sieur d'Audon choisira. En outre que le reng que vous y tenez (3) vous convie de vous y rendre, je vous en ay encore voulеu prier et de m'y faire paroistre les effectz de l'affection que vous avez à mon service exortant les autres de tout vostre pouvoir à embrasser la mesme resolution, et je vous monstreray aux occasions qui s'offriront de vous faire plaisir le contantement que j'en auray receu. Et sur ce je prie Dieu, Monsr de Paillez, qu'il vous ayt en sa saincte garde.

Escript à Monceaulx, ce XIIIe jour de septembre 1596.

HENRY.

De Lomenie.

(1) Audou s'était rendu près du Roi pour se justifier des accusations qui pesaient contre lui. On a vu dans les lettres précédentes à quel point les consuls de Foix étaient irrités contre lui et les doléances qu'ils avaient portées au pied du trône. En outre, le vicomte de Mirepoix l'avait dénoncé comme ayant cherché à faire alliance avec le duc de Joyeuse avant sa soumission, et avec les Espagnols. Le 11 juillet 1596, Henry IV écrivait au duc de Joyeuse pour lui demander sur ces faits des renseignements confidentiels, « car c'est chose, ajoutait-il, « qu'il (Audou) nie fort et ferme » (*Lettres missives de Henri IV*, t. VIII, p. 608).

(2) Audou avait sans doute réussi à se justifier, puisqu'il rentrait au comté de Foix avec permission du Roi pour exercer les fonctions de ses charges.

(3) Le baron de Pailhès occupait le second rang aux États du comté de Foix, en qualité de baron de Saint-Paul-de-Jerrat, siège d'une justice seigneuriale. Le premier rang appartenait au baron de Rabat, issu de la maison de

LX.
1598. — 23 MARS.

Orig. — Arch. de M. Eugène de Serres de Justiniac.

A MONS^r DE PAILHÈS.

SOMMAIRE : Ordre d'assembler les États et de faire augmenter, s'il est possible, les donations annuelles pour subvenir aux dépenses de la guerre.

Monsr de Paillès, je suis bien asseuré qu'outre le mal que les misères et calamités publiques ont apporté en mon comté de Foix, les divisions et partialités que l'injure du temps y avoit fait naistre ont apporté beaucoup de mal à mes subjects, en à quoy j'ay toujours tasché de remedier et pourvoir. Nous vous envoyons une commission pour convoquer et assembler les Estats generaux (1) avec autant de diligence que vous jugerez estre expedient pour le bien general du pays et mon service particulier, à ce qu'estant par ce tous advertys des plaintes et doleances de mes subjects j'y puisse aporter tout ce que je penseray estre necessaire à leur conservation et repos, lequel j'affectionne autant qu'ils sauroyent desirer. Je vous prie aussy de les disposer à me faire non seulement les donnations et octroys ordinaires et extraordinaires de la presente année mais de les augmenter s'il leur est possible d'autant plus que je suis constraint d'entrer tous les jours en nouvelles despenses pour m'opposer aulx desseings des ennemys de cest Estat et les miens particuliers. A quoy m'asseurant bien que vous apporterez autant d'affection et de dilligence que j'en puis attendre de vostre bonne vollonté à mon service, je ne vous feray la presente plus longue sinon pour prier Dieu vous avoir, Monsr de Paillès, en sa saincte garde.

De Angers, le XXIIIe jour de mars 1598.

HENRY.

Foix; au troisième rang venait le baron d'Arignac, et au quatrième le baron de Durfort. Ces quatre seigneurs étaient appelés *les quatre barons du comté de Foix*.

(1) Audou, auquel eût incombé la charge de réunir les États en sa qualité de sénéchalet de gouverneur, était mort le 11 février précédent

LXI.
1598. — 23 MARS.

Orig. — Arch. de M. Eugène de Serres de Justiniac.

A NOZ CHERS ET BIEN AMEZ LES GENS DES ESTATZ DE NOSTRE CONTÉ DE FOIX.

SOMMAIRE : Leur annonce qu'il a chargé M. de Pailhès de les convoquer ; — les prie de voter la donation annuelle et de l'augmenter, s'il est possible, car le besoin de l'État est bien grand.

DE PAR LE ROY, COMTE DE FOIX.

Chers et bien amez. Les traverses que les ennemis comuns de cest estat et les nostres particuliers nous donnent journellement avec le moins de relasche qui leur est possible ne pouvant empescher qu'au milieu de tant de miseres et callamitez publicques nous n'ayons soin de pourvoir à voz necessitez privées, attendant que nous puissions assoupir du tout les divisions et partialitez que l'injure du temps avoit faict naistre entre vous, et retrancher ce faisant le cours du mal qu'elles vous ont rapporté jusques icy à notre très grand regret et deplaisir, nous avons faict expedier noz lettres de commission au s^r de Paillès pour vous convocquer et assembler suyvant la forme accostumée ; à ce qu'ayant par son moien entendu ce que vous desirez de nostre bonne volonté en vostre endroict nous apportions tout ce qui nous sera possible pour y satisfaire ne desirans rien plus que vostre repos et soulagement particulier. Ausquelz comme vous nous avez tousiours trouvé aussy disposé que vous pouviez attendre, nous desirons aussy que considerans les grandes et insuportables despenses que nous sommes constrainctz faire journellement pour nous opposer à noz ennemiz et qu'il n'y a moien d'y fournir sy nous ne sommes assistez de ceulx lesquels recoyvent et attendent encor quelque repos et soulagement de noz travaux, vous soyez de la exhortez à nous faire non seulement les donnations et octroiz accoustumez pour la presente année mais les augmenter s'il est possible autant que nous en avons besoin et que nous attendons de vostre affection au bien de nostre service, comme de nostre part nous vous.

asseurons encore de n'oublier jamais rien de ce qui pourra servir au soulagement que nous vous desirons. Priant Dieu vous avoir, noz chers et bien amez, en sa saincte garde.

A Angers, le XXIIIe jour de mars 1598.

HENRY.

DE LOMENIE.

LXII.

1598. — 27 AVRIL.

Orig. — Arch. de M. Eugène de Serres de Justiniac.

A MONS[R] DE PAILLEZ.

SOMMAIRE : Lui annonce qu'il a nommé le vicomte de Mirepoix sénéchal et gouverneur du comté de Foix, et qu'il l'envoie présentement dans le comté ; — l'invite à le bien recevoir et à disposer les esprits en sa faveur.

Monsr de Pailhez, j'envoye par delà le s[r] visconte de Mirepoix, tant pour se faire recevoir et recongnoistre en l'estat de seneschal et gouverneur de mon conté de Foix (1) duquel je l'ay cy-devant et despuis la mort du feu s[r] d'Audou (2) [pourvu], que pour autres occasions qui importent le bien de mon service et de mes subiectz en icelle ; luy ayant commandé les faire tous, tant d'une que d'autre religion, vivre en repos et unyon. De quoy je vous ay bien voullu advertir par ceste-cy et vous assurer que vous me ferez service très agreable de tenir la main de tout vostre pouvoir à ce que cela soict, et disposer tellement toutes les volontez que les divisions et maux passez estans oubliez d'une part et d'autre, ilz recongnoissent combien j'ay eu de soing de leur conservation en leur donnant pour seneschal et gouverneur led.

(1) Jean de Lévis, vicomte de Mirepoix. Si l'on rapproche sa nomination des accusations portées par lui contre Audou en 1596 (voir lettre du 13 septembre 1596), et dont la preuve eût entraîné la destitution de ce dernier, il ne sera pas téméraire de dire que dès 1596 le vicomte de Mirepoix briguait la succession du défunt sénéchal.

(2) Le vieux lutteur était mort dans son château de Belesta, le 11 février 1598. Il avait épousé Christophe de Vergoignan, fille de Roger, seigneur de Vergoignan, au Bas-Armagnac, et d'Anne de Foix.

sr de Mirépoix (1), qui sur le surplus vous fera particulierement entendre ce qui est de ma volunté. Sur la suffizance duquel me remectant, je ne vous en diray davantaige que pour prier Dieu vous avoir, Monsr de Pailhez, en sa saincte et digne garde.

Escrit à Nantes, le xxviie jour d'avril 1598.

HENRY.

De Lomenie.

LXIII.
1599. — 31 OCTOBRE.

Orig. — Arch. de M. le marquis de Narbonne-Lara (2).

A MONSIEUR LE VICOMTE DE SAINT-GERONX,
CAPITAINE DE CINQUANTE HOMMES D'ARMES DE MES ORDONNANCES.

Sommaire : Lui annonce que sur la démission du duc de Joyeuse il a nommé le duc de Ventadour son lieutenant général en Languedoc, et le prie de le reconnaître pour tel et de lui obéir.

Monsieur le viconte (3), s'estant nostre cousin le duc de Joyeuse, mareschal de France, et l'un de nos lieutenans generaux en nostre païs de Languedoc, desmis en nos mains de toutes les

---

(1) Éloge d'ailleurs bien justifié. Tous les auteurs contemporains n'ont qu'une seule manière de parler du vicomte de Mirepoix, tous s'accordent à reconnaitre en lui l'esprit le plus équitable, les sentiments les plus généreux joints à une grande fermeté de caractère ; tous sont unanimes à déplorer sa mort prématurée survenue le 31 août 1603. Voir notamment l'éloge qu'en fait Olhagaray, *Hist. du comté de Foix*, p. 714.

(2) Cette lettre, extraite du chartrier du château de Nescus, près La Bastide-de-Sérou, propriété de M. le marquis de Narbonne-Lara, vicomte de Saint-Girons, nous a été transmise par M. Félix Pasquier, archiviste de l'Ariège. Puis-je nommer le noble châtelain de Nescus sans rappeler à mes amis, les *chercheurs* gascons, qu'il est l'héritier des Narbonne-Fimarcon, seigneurs d'Aubiac en Brulhois, que sa courtoisie et sa bienveillance égalent l'antiquité et l'illustration de sa race, et que parmi les éblouissantes richesses renfermées dans son chartrier se trouve un fonds considérable de documents sur le Brulhois et le Fimarcon?

(3) Hector de Narbonne-Lara, vicomte de Saint-Girons et de Couserans, avait suivi la fortune du duc de Joyeuse, dans le parti de la Ligue. Il fit sa paix avec le Roi en même temps que le duc, et fut compris dans les articles secrets du traité de Folembray. L'article ix lui accordait une compagnie de gendarmes entretenue aux frais de la province de Languedoc, 29 janvier 1596 (*Hist. du Languedoc*, par dom Vaissette, t. v, p. 327, preuves).

charges qu'il avoyt (1), pour y pourvoir, nous avons jugé estre expediant, tant pour nostre service que pour le soulagement de nos subjectz, de remettre la dite charge de nostre lieutenant general au mesme estat qu'elle estoit auparavant qu'elle feust separée, et ne tenir plus qu'un seul lieutenant en nostre dit païs de Languedoc en la maniere accoutumée; de laquelle charge estant pourveu nostre très cher et bien amé cousin, le duc de Ventadour, pair de France, nous avons, en sa faveur, de nouveau, en tant que besoin seroit, fait expedier nos lettres de declaration sur ce necessaires (2).

A ces causes, nous avons voulu et nous vous mandons que vous ayez doresnavant à recognoistre nostre dit cousin, duc de Ventadour, pour nostre lieutenant general en nostre dit pays de Languedoc, luy obeir et entendre en tout ce qu'il vous ordonnera comme à nostre propre personne. Sy n'y faites faute, car tel est nostre plaisir.

Donné à St Germain, le dernier jour d'octobre 1599.

HENRY.

LXIV.
1602. — 6 JUIN.
Orig. — Arch. de M. Eugène de Serres de Justiniac.

A MONS^R DE PAILLÈS,
GENTILHOMME ORDINAIRE DE MA CHAMBRE.

SOMMAIRE : Le président du Pont est envoyé dans le comté de Foix pour régler les affaires du Roi, arrenter son domaine et payer à M. de Pailhès ce qui lui est dû.

Monsieur de Paillès, ayant entendu les saisies que vous faictes faire sur mon domaine de Foix pour le faict de Caussade, j'ay

---

(1) On sait, d'après les vers connus de Voltaire, que le maréchal de Joyeuse, « vicieux, pénitent, courtisan, solitaire (il) prit, quitta, reprit la cuirasse et la « haire. » C'est le 9 mars 1599, qu'il reprit, pour ne plus le quitter, le froc de saint François chez les Capucins de Paris.

(2) Anne de Lévis, duc de Ventadour, était déjà, depuis 1584, lieutenant général pour le Roi dans le Bas-Languedoc; après la démission du duc de Joyeuse, Henry IV réunit le Haut et le Bas-Languedoc dans la même lieutenance, et la confia au duc de Ventandour.

commandé au president du Pont (1), qui va sur les lieux pour faire les baux à ferme et recognoistre l'estat de tous mes affaires par delà, de s'instruire de vos pretentions et de me rapporter sur ce l'advis de ceux de mon conseil de Tholoze, lorsqu'il me reviendra trouver, afin que je pourvoye à vostre interest, autant que vous serés fondé de raison, n'estant mon intention de vous tenir en longueur de poursuites ny vous priver de ce qui vous peult estre legitimement deu, ainsy que ledict president du Pont vous fera entendre plus particulierement. Sur lequel me remettant pour la confiance que j'ay en luy, je ne vous feray ceste-cy plus longue que pour prier le Createur, Monsr de Paillès, vous avoir en sa garde.

De Blois, ce vi de juin 1602.

HENRY.

De Lomenie.

LXV.

1602 — 4 DÉCEMBRE.

Orig. — Archives de l'Ariège (2).

A NOZ CHERS ET BIEN AMEZ LES CONSULZ DE FOIX.

Sommaire : Leur annonce qu'il leur envoie le sieur de Mathelot pour traiter avec eux une affaire de très grande importance.

De par le Roy.

Chers et bien amez, estant survenu ung affaire grandement important nostre service, nous depeschons expressement par delà le s^r de Mathelot pour vous y porter sur ce noz volontez et intentions et l'ordre que nous voulons y estre tenu pour y pourveoir. Et pour ce que vous nous y pouvez particulierement servir, nous l'avons chargé de vous veoir pour les vous exposer. Vous l'entendrez doncq et le croirez de ce qu'il vous dira de nostre part

---

(1) Pierre du Pont, président en la chambre des comptes de Pau.
(2) Lettre communiquée par M. F. Pasquier.

comme vous feriez à nous mesmes. Et nous en remettant à luy, nous ne vous ferons ceste-cy plus longue.

Donné à Fontainebleau, ce iiiie decembre 1602.

HENRY.
Forget.

LXVI.

[SANS DATE.]

Orig. aut. — Arch. de M. C. de Subra de Saint-Martin.

A MONS^R DE PALIÈS.

Monsr de Paliès, j'ay seu que vous avez un bon oyseau pour moy (1), vous me ferés fort grand playsyr de me l'envoyer come je vous en prye bien fort.

Vostre meilleur et plus asseuré amy,
HENRY (2).

(1) Il s'agit d'un faucon pour la chasse. L'*Inventaire de la Chambre des comptes de Pau* mentionne de fréquents achats d'oiseaux faits par le roi de Navarre, et les gages des fauconniers (B. 2344, B. 2374, B. 2413, B. 2452, B. 2457, etc.).

(2) Bien que ce petit billet ait été publié par M. de Lahondès dans le t. II de ses *Annales de Pamiers*, p. 442, nous avons cru devoir l'ajouter à notre collection parce que, avant d'appartenir à M. de Subra, il faisait partie du fonds Pailhès. — M. de Lahondès a encore publié dans le même volume, p. 437 et suiv., quatre lettres de Henry IV aux consuls de Pamiers, datées : de Nérac, le 20 novembre 1577 ; — de Pamiers, le 26 mars 1578 ; — de Pamiers, le 24 juillet 1584 ; — de Monceau, le 29 septembre 1598.

ITINÉRAIRE DE HENRY IV

D'APRÈS LES LETTRES INÉDITES IMPRIMÉES DANS CE VOLUME.

(NOTA. — Les noms en italique ne figurent pas aux *Itinéraires* publiés dans les tomes II et IX de la *Collection des Lettres missives de Henri IV*, par M. Berger de Xivrey.)

1576.
Agen, 26 octobre.
Agen, 16 décembre.

1577.
Agen, 11 janvier.
Agen, 31 janvier.
Agen, 19 février.
Bergerac, 29 mai.
Agen, 13 juin.
Bergerac, 8 août.

1578.
Montauban, fin août
Montauban, 5 septembre.
Nérac, 5 novembre.

1579.
Nérac, 8 mars.
L'Isle-en-Jourdain, 9 avril.
Nérac, 12 septembre.

1581.
Casteljaloux, 3 mars.
Montauban, 15 mai (1).
Eaux-Chaudes, 16 juin.
Nérac, 26 juillet.
Nérac, 12 septembre.

Nérac, 16 octobre.
Nérac, 4 décembre.

1582.
Nérac, 3 janvier.
Nérac, 27 janvier.
Melle, 4 avril.
Pau, 18 mai.
Nérac, 2 juin.
Les Essars, 17 juillet.
Pau, 15 septembre.
Pau, 18 septembre.
Nérac, 9 octobre.
Nérac, 27 novembre.
Nérac, 24 décembre.

1583.
Nérac, 20 février.
Nérac, 1er avril.
Pau, 17 septembre.
Mont-de-Marsan, 29 décembre.

1584.
Pau, 22 février.
Mazères, 9 juin.
Pau, 16 juillet.

1586.
Pau, 9 mars.

(1) La date a été omise par inadvertance au bas de la lettre. L'original porte : « A Montauban, « ce quinziesme jour de may 1581 ».

1588.
La Rochelle, 12 décembre.

1590.
Corbeil, 1er *avril*.

1594.
Paris, 18 octobre.

1596.
Folembray, 12 février.
Folembray, 14 février.
Abbeville, 12 juin.

Fontainebleau, 22 *août*.
Monceau, 13 *septembre*.

1598.
Angers, 23 mars.
Nantes, 27 *avril*.

1599.
Saint-Germain, 30 octobre.

1602.
Blois, 6 juin.
Fontainebleau, 4 décembre.

TABLE ANALYTIQUE

A

Ange (le père), fils naturel de la reine de Navarre, 53, 54.

Antras (Jean d') défend Marciac, 39. — Sa petite nièce épouse le marquis de Pailhès, 78.

Armagnac (Georges, cardinal d'), résigne la commanderie d'Aubrac en faveur de M. de Pailhès, 51.

Astafort. Le roi de Navarre y a une entrevue avec le maréchal de Matignon, 58.

Aubrac (commanderie d') résignée par le cardinal d'Armagnac en faveur de M. de Pailhès, 51.

Audou (Claude de Lévis, baron d'), chargé de reprendre Saint-Lizier et La Bastide-de-Sérou, 33. — Notice hist., 33. — Prend Tarascon, 45. — Nommé sénéchal et gouverneur du comté de Foix, 64. — Est privé de sa charge, 67. — Est réintégré, 70. — Sa querelle avec le capitaine Le Comte, 72, 73, 75. — Se plaint aux consuls de Foix des faux bruits que l'on fait circuler sur son compte, 75, 76. — Se rend aux États du Languedoc réunis à Pézenas, 76. — Accusé de trahison, se justifie, 81. — Sa mort, 82, 84.

B

Badens (Jean-François du Pac, seigneur de) : lettre que lui écrit le roi de Navarre, 71.

Baille, receveur des deniers, 38.

Barguillère (vallée de la) ravagée par le capitaine Brenieu, 34, 38. — Notice, 35.

Baron (le curé) précipité dans l'Ariège, 45.

Beauvoir (Pierre de Roquefort, baron de), écrit à M. de Pailhès, 10.

Bénéfices (collation des) aux laïques est un grand abus, 38.

Blanin (Antoine du Coussol, seigneur du), invité par le roi de Navarre à l'accompagner à Cognac, 14.

Bonnac (la cure de) donnée à M. de Pailhès, 38.

Bordeaux refuse d'ouvrir ses portes au roi de Navarre, 13.

Bram (prise du château de), 50.

Brenieu (Jacques, seigneur de), capitaine du château de Foix, ravage la vallée de la Barguillère, 34. — Démolit l'église de Montgauzy, 35. — Information sur ses excès, 35, 39. — Notices, 35. — Nommé gouverneur de Lectoure, 39. — Se rend à Foix, 53.

BRUGNAC (le sieur de) commet un meurtre sur les terres du baron de Pailhès, 16. — Le roi de Navarre s'intéresse à lui, 17.

C

Catalogne (le vice-roi de) se plaint de l'enlèvement de dom Miguel de Villeneuve, 43.
CATHERINE DE MÉDICIS invite le roi de Navarre à se rendre à Cognac, 14. — Ramène la reine de Navarre à son mari, 21, 22. — Charge M. de Pailhès de pacifier le comté de Foix, 23, 26. — Va à Agen, à Montauban, à Toulouse, à l'Isle-Jourdain, à Auch, 25, 27, 29. — Prie M. de Pailhès d'occuper Saverdun, 31. — Passe une seconde fois à Toulouse, 31, 32. — A une entrevue avec le roi de Navarre à Saint-Maixent, 47.
Caussade saisi par M. de Pailhès, 86.
CAZENAVE (Jacques-Paul de Lordat, seigneur de), suscite des troubles dans les environs d'Urs, 49. — Commet un meurtre dans la maison de Turpin, 59. — Le roi de Navarre lance contre lui un mandat d'arrêt, 60.
CHARLES IX envoie M. de La Valette au comté de Foix, 10.
Château-Verdun, 40.
Chenonceaux (les Reines partent de) pour se rendre en Gascogne, 21.
Comminges (la noblesse du) convoquée pour aller assiéger la ville de Salces en Roussillon, 77.
COMTE (Jean Le), capitaine du château de Foix, 39. — Sa querelle avec le baron d'Audou, 72, 73, 75. — Notice, 73.
CONDÉ (Henri de Bourbon, prince de), écrit à M. de Pailhès, 77.
CORNUSSON (François de La Valette-Parisot, baron de), sénéchal de Toulouse, chargé de remettre la ville de Saverdun à M. de Pailhès, 31.

CORNUSSON (Jean de La Valette, baron de), nommé sénéchal de Toulouse, 71.
COSTENE, dit le Vichon, s'empare du château de l'Herm, 41.
COUSSOL. Voir Blanin.
CUBIÈRES (Germain de Miglos, baron de), nommé gouverneur de Saverdun, 32.
Cunaux (la cure de) donnée à M. de Pailhès, 38.

D

DALON (le seigneur de), gouverneur de Pamiers, chargé de rétablir l'ordre, 39. — Son éloge, 39. — Chargé de reprendre les places occupées par l'ennemi, 40.
DAMVILLE (Henry de Montmorency, maréchal de), va rejoindre Charles IX avec la noblesse de son gouvernement, 10. — Chargé de poursuivre les auteurs de l'enlèvement de dom Miguel de Villeneuve, 43 ; — de s'emparer du sieur de Cazenave, 60, 61.

E

Eaux-Chaudes (séjour aux) du roi de Navarre, 37.
ÉPERNON (Jean-Louis de Nogaret de Lavalette, duc d'), rend témoignage au roi de France de la fidélité de M. de Pailhès, 65. — Est envoyé en ambassade auprès du roi de Navarre, 65.
Escadron volant, nom donné aux dames de la suite de la Reine-mère, 21.
ESPERNAIN (le capitaine) conduit à Foix les gardes du roi de Navarre pour réprimer les brigandages, 52, 54.

TABLE ANALYTIQUE. 93

F

Foix (ville de). Les habitants se plaignent au Roi des excès du sieur de Brenieu, capitaine du château, 34. — Le Roi y convoque les États, 36, 37. — Désordres dans la ville, 38. — La garde de la ville doit être faite aux dépens communs, 50. — Grande sédition dans la ville, 50, 51, 54, 55. — Le roi de Navarre y envoie des députés de la Chambre pour informer sur ces désordres, 54, 55. — Plaintes contre ces députés, 56. — Les consuls sont convoqués aux États, 66. — Désordres survenus à l'occasion de la querelle des sieurs Audou et Le Comte, 72, 73; — plaintes des consuls, 73.

Foix (États du comté de) accordent au roi de Navarre cinq compagnies de gens de pied, 15. — Leurs convocations, 36, 37, 58, 63, 64, 66, 69, 78, 79, 80, 82, 83.

FONTENILLES (Philippe de La Roche, baron de), chargé de remettre la ville de Saverdun à M. de Pailhès, 31.

FOSSEUSE (Françoise de Montmorency). Sa liaison avec le roi de Navarre, 37.

FRONTENAC (François de Buade, seigneur de), envoyé vers le roi de France, 50.

G

GRATEINS (Louis du Faur, seigneur de), chancelier du roi de Navarre, dénonce le crime commis par le sieur de Cazenave, 59.

GUDANES (Jérôme de Salles, baron de), occupe le fort de Verdun, 40.

Gudanes (baronnie de). Notice, 40.

H

HENRY III invite le roi de Navarre à se rendre à Cognac, 13. — Ratifie le choix fait par la Reine-mère de M. de Pailhès pour pacifier le comté de Foix, 27. — Engage M. de Pailhès à se ranger à son parti, 65. — Sa mort, 68.

HENRY, roi de Navarre. Les Bordelais lui refusent l'entrée de leur ville, 13. — Va à Cognac visiter la Reine-mère et le Roi, 13. — Demande des secours d'hommes et d'argent aux États de Foix, 14, 15. — Prend intérêt au sieur de Brugnac, 16. — Recommande à M. de Pailhès de faire observer l'édit de pacification, 17. — Remercie M. de Pailhès du soin qu'il prend de ses affaires dans le comté de Foix, 19, 20. — Envoie le sieur de La Roque en Cour, 20. — Se prépare à aller recevoir les Reines, 21. — Convoque la noblesse à Nérac pour aller à la rencontre des Reines, 22. — Va les recevoir à La Réole, 22. — Commet le sieur du Soulé pour faire observer l'édit de pacification dans le comté de Foix, 24, 26, 27. — Va rejoindre les Reines à l'Isle-en-Jourdain et les conduit à Auch, 29. — Se rend au comté de Foix, 30. — Se loge à Mazères, 31. — Prie M. de Pailhès d'occuper Saverdun, 32. — Le charge de reprendre Saint-Lizier et La Bastide-de-Sérou, 33. — Fait informer contre les excès du sieur de Brenieu, 35. — Convoque les États de Foix, 36, 37. — Sa liaison avec la belle Fosseuse, 37. — Donne l'ordre de reprendre le fort de Verdun et d'autres places, 39, 40. — Donne ordre de poursuivre les auteurs de l'enlèvement de dom Miguel de Villeneuve, 43. — Ne peut se rendre au comté de Foix parce qu'il va

accompagner la Reine sa femme, 44.
— Envoie à sa place le sieur de Miossens, 44. — Fait démanteler Tarascon, 46. — Se rend en Saintonge, 46. — Recommande à la noblesse du comté de Foix d'obéir à M. de Pailhès, 47. — Appréhensions causées par son voyage en Saintonge, 47. — Son entrevue avec la Reine-mère, 47. — Convoque les églises réformées à Saint-Jean-d'Angely, 48. — Envoie Frontenac à la Cour, 50. — Écrit à la Reine sa femme en faveur de Pailhès, 51. — Attend le retour de M. de Ségur envoyé en Cour, 52. — Promet de se rendre prochainement au comté de Foix, 52. — Annonce à M. de Pailhès la grossesse de la Reine sa femme, 53. — Bon mot à ce sujet, 54. — Envoie en Foix une compagnie de ses gardes pour protéger les députés de la Chambre, 54. — Fait faire une enquête sur les troubles de Foix, 56. — Promet à la noblesse fuxéenne de se rendre à Foix aussitôt qu'il aura vu le maréchal de Matignon, 57. — La maladie de M. de Matignon retarde son voyage, 57. — Entrevue avec le maréchal de Matignon à Astafort, 58. — Convoque les États de Foix, 59. — Demande que les États augmentent la donation annuelle, 60. — Reprend Mont-de-Marsan, 61. — Se rendra dans peu de jours en Foix, 61. — Est obligé de remettre son voyage, 62. — A appris qu'une sédition s'est élevée à Mazères, 62. — Convoque les États, 63. — Se rend à Pamiers et de là à Foix, où il assiste à la conclusion des États, 64. — Enlève à Pailhès et à M. de Miossens leurs charges et les donne à Audou, 64. — Reçoit la visite du duc d'Epernon, 65. — Convoque les consuls de Foix aux États, 66. — Les prie de bien accueillir le sieur de Montlouet, 67. — Donne un passeport à M. de Pailhès, 70. — Rétablit Audou dans ses charges, 70. — Rend au sieur de Cornusson la charge de sénéchal de Toulouse, 71. — Fait un règlement pour remédier aux troubles de la ville de Foix, 72. — Envoie à cet effet le sieur de Rochemaure à Foix, 73, 74. — Fait l'éloge du fils de M. de Pailhès, 77. — Regrette que M. de Pailhès ne puisse pas prendre part à la guerre, 77. — Convoque les États à Foix, 78. — A grand déplaisir des souffrances du comté de Foix, 79. — Demande une augmentation des donations, 80, 82, 83. — Nomme le vicomte de Mirepoix sénéchal et gouverneur du comté de Foix, 84. Nomme le duc de Ventadour lieutenant général en Languedoc, 85. — Envoie le président du Pont en Foix pour régler les affaires de son domaine, 86. — Envoie le sieur de Mathelot vers les consuls de Foix pour traiter avec eux une affaire importante, 87. — Demande à M. de Pailhès de lui envoyer un oiseau pour la chasse, 88. — Écrit aux consuls de Pamiers, 88.

Herm (le château de l') pris par l'ennemi, 39, 41.

HILLE (Pierre de Roquefort, seigneur de La), capitaine du château de Foix, 35.

J

JOYEUSE (Scipion, duc de), chargé de poursuivre les auteurs de l'enlèvement de dom Miguel de Villeneuve, 43.

JOYEUSE (Ange, duc et maréchal de), donne sa démission de lieutenant général en Languedoc, 86.

L

LABASTIDE-CAZENAVE. — Voir Cazenave.

La Bastide-de-Sérou (ville de) surprise par les réformés, 33.
La Coste (Pierre de), cap. du chât. de Pamiers, envoyé vers M. de Pailhès, 49. — Chargé d'un message pour les protestants de Genève, 50.
La Roque (Robert-Arthur de), chambellan du roi de Navarre et son fidèle serviteur, envoyé au comté de Foix, 18. — Rend témoignage au Roi des efforts que fait M. de Pailhès pour conserver le comté de Foix, 19. — — Envoyé en mission à la Cour par le roi de Navarre, 20.
Lebel (Marie) épouse le capitaine Le Comte, 73.
Lectoure, 37, 73.
Le Dain, capitaine du château de Foix, 50.
Loménie (Antoine de), secrétaire du Roi, 67.
Lordat. — Voir Cazenave.
Lordat (le château de) démantelé par ordre du Roi, 46.
Loup (la tour du) occupée par le sieur Ramonet Pagèse, 41.

M

Marciac (ville de) surprise par le baron de Lons, 32. — Défendue par Jean d'Antras, 32. — Rendue aux catholiques par le roi de Navarre, 32.
Marguerite de Valois, reine de Navarre, va retrouver le Roi son mari, 21, 22. — Son voyage en Gascogne avec la Reine-mère, 25, 27, 29. — Se dispose à rentrer à Paris, 44. — Agrée la résignation de la commanderie d'Aubrac faite par le cardinal d'Armagnac en faveur de M. de Pailhès, 51. — Sa grossesse, 53. — Scandale qui en résulte, 53. — Bon mot du roi de Navarre à ce sujet, 54.
Mathelot (le sieur de) envoyé vers les consuls de Foix, 87.

Matignon (maréchal de) arrive à Bordeaux, 41. — Va conférer avec le roi de Navarre, 57, 58. — Tombe malade, 57.
Mauvezin (ville de). Le roi de Navarre y convoque la noblesse pour aller à la rencontre des Reines, 29.
Mazelières (Odet de), secrétaire du Roi, 42.
Mazelières (Gaixot de), secrétaire du Roi, 42.
Mazères (troubles dans la ville de), 62.
Miglos (Antoinette de), épouse du baron de Gudanes, 41.
Miossens (Henri d'Albret, baron de), envoyé dans le comté de Foix, 44. — Doit accompagner la reine de Navarre à Paris, 44. — Chargé de pacifier le comté de Foix, 51. — Privé de sa charge de gouverneur du comté de Foix, 64.
Mirepoix (Jean de Lévis, vicomte de), accuse Audou de trahison, 81. — Est nommé sénéchal et gouverneur du comté de Foix, 84. — Son éloge, 85.
Monlezun (Jeanne de), dame de Samazan, 78.
Monsieur (François de Valois, duc d'Alençon) invite le roi de Navarre à se rendre à Cognac, 13.
Mont-de-Marsan repris par le roi de Navarre, 61.
Montgaillard (le château de) démantelé par ordre du Roi, 46.
Montgascon (le sieur de) prend Tarascon, 45.
Montgauzi (chapelle de) détruite par le capitaine Brenieu, 35.
Montlouet (François d'Angennes, seigneur de), gouverneur du comté de Foix, 67.
Montpensier (Louis de Bourbon, duc de), donne un passeport à M. de La Roque allant en Cour, 20.
Mothe-Bardigues (Béraud du Gout, seigneur de La). Sa maison à Tarascon est détruite, p. 45.

N

NAGERIE (le sieur de La), maître des requêtes, rend compte au roi de Navarre des affaires du comté de Foix, 61.

NAVARRE (Catherine de), sœur de Henry IV, annonce à M. de Pailhès la mort de Henry III et l'avènement du roi de Navarre à la couronne de France, 68. — Régente de Navarre, 69. — Convoque les États à Foix, 69.

Nérac (la paix de), 30.

NOEL, valet de chambre du roi de Navarre, envoyé au comté de Foix pour recouvrer les deniers royaux, 14.

P

PAGÈSE (Ramonet) s'empare de la tour du Loup, 41.

PAILHÈS (Jacques de Villemur, baron de). — Notice biographique, 9. — Accompagne le roi de Navarre à Cognac, 14. — Va rejoindre le Roi à Agen, 15, 18. — A querelle avec le sieur de Brugnac, 16. — Prend soin des affaires du Roi dans le comté de Foix, 19, 20. — Favorise le voyage du sieur de La Roque vers la Cour, 20. — Se prépare à aller avec le Roi à la rencontre de la Reine, 21, 22. — Nommé par la Reine-mère et Henry III commissaire pour la pacification du comté de Foix, 23, 24, 26, 27, 28. — Va rejoindre le roi de Navarre à Mauvezin pour recevoir les Reines, 29. — Va recevoir le Roi au passage de la Garonne avec son frère, 30. — Est chargé par la Reine-mère et le roi de Navarre d'occuper Saverdun, 31, 32. — Aide le sieur d'Audou à reprendre Saint-Lizier et la Bastide-de-Sérou, 33, 34. — Chargé d'informer contre les excès du capitaine Brenieu, 35. — Convoque les États de Foix, 36. — Fidèle au Roi, 37. — Qui lui donne les cures de Cunaux et de Bonnac, 38. — Chargé de reprendre plusieurs châteaux du comté de Foix, 39, 40. — Poursuit les auteurs de l'enlèvement de dom Miguel de Villeneuve, 43. — Travaille à pacifier le comté de Foix, 45. — Reçoit l'ordre de démanteler Tarascon, 46. — Est nommé commandant général dans le comté de Foix, 46. — Doit veiller à ce que nul ne trouble l'ordre dans le comté de Foix, 48. — Pourvoit aux troubles suscités par le sieur de Cazenave, 49. — *Item* aux troubles de la ville de Foix, 50. — Le cardinal d'Armagnac résigne en sa faveur la commanderie d'Aubrac, 51. — Tient le Roi au courant des événements, 51. — Ravitaille le château de Foix, 54. — Rétablit l'ordre dans la ville de Foix, 55. — Informe le Roi des agissements des enquêteurs sur les troubles de Foix, 56.

PAILHÈS et DE SAINT-PAUL (Blaise de Villemur, baron de). Not. biog., 11. Succède à son père dans la charge de gouverneur du comté de Foix, 57, 58. — Maintient l'ordre dans le pays, 58. — Convoque les États du comté, 58. — Fait courir sus au sieur de Cazenave pour un meurtre par lui commis, 59. — Est prié de continuer à avoir l'œil sur les événements qui se passent dans son gouvernement, 61. — Doit se rendre à Mazères pour y apaiser une sédition, 63. — Assemble les États, 63. — Est relevé de ses charges, 64. — Se retire des affaires, 64. — Est sollicité par le duc d'Épernon et par Henry III de prendre le parti du roi de France, 65. — Reçoit la nouvelle de la mort de Henry III et est prié de se déclarer pour Henry IV, 68. — Demande le rétablissement d'Audou dans la charge de sénéchal et va en ambassade vers Henry IV, 70. — Est prié de donner main-forte au sieur de Cornusson, 70. — Envoie un député au Roi, 73. — Le Roi lui fait compliment au sujet de son fils, 77. — Est chargé de réunir les États à Foix, 78, 80, 83. — Rang qu'il occupe dans l'assemblée des États, 81. — Est prié par le Roi de faire bon accueil au sieur de Mirepoix, nommé sénéchal de Foix, 84. — *Item* au duc de Ventadour, lieutenant général en Languedoc, 86. — Fait saisir une partie du domaine du Roi, 86. — Est prié par le Roi de lui envoyer un oiseau pour la chasse, 88.

PAILHÈS (Georges de Villemur, baron de) . Son éloge fait par Henry IV, 77. — Notice, 77. — Commande la noblesse du Comminges, 77. — Lettre que lui écrit le grand Condé, 77, 78.

PAILHÈS (Anne de Villemur, baron de), commande la noblesse du Comminges au siège de Salces, 77.

Pamiers. Le roi de Navarre se dispose à s'y rendre, 64. — Ses lettres aux consuls, 88.

PANCHEURE (Jean), sieur de la Lamberdière, secrétaire du roi de Navarre, 79.

PIBRAC (Guy du Faur, seigneur de), reçoit les Reines dans son château de Pibrac, 29. — Traite la paix de Nérac, 30.

PONT (Pierre du), président en la chambre des comptes, envoyé au comté de Foix, 87.

R

ROCHEMAURE (Louis de), maître des requêtes, envoyé à Foix pour y rétablir l'ordre, 74, 75.

S

SAINT-GIRONS (Hector de Narbonne-Lara, vicomte de). Henry IV lui annnonce qu'il a nommé le duc de Ventadour lieutenant général en Languedoc, 85. — Notice, 85.

Saint-Jehan-d'Angely. Le roi de Navarre y convoque les églises réformées, 48.

Saint-Lizier-de-Couzerans (ville de) surprise par les réformés, 33.

SAINT-PAUL (François de Villemur-Pailhès de) va rejoindre le roi de Navarre à Agen, 18. — Note, *ibid*. — Va recevoir le roi de Navarre au passage de la Garonne, 30.

SAINT-PAUL. — Voir Pailhès.

SAINT-PIC (Arnaud de), secrétaire du roi de Navarre, 66.

Saverdun (ville de) occupée par M. de Pailhès durant le séjour qu'y fait la Reine-mère, 30. — Note hist., 32.

SCORBIAC (Jean-Guichard de), conseiller du roi de Navarre, chargé d'informer contre les excès du sieur de Brenieu, capitaine du château de Foix, 35.

SÉGUR (Jacques de), envoyé en Cour par le roi de Navarre, 52.

SERRES (Jean de), capitaine du château de Foix, 35.

SOLEIL. — Voir Soulé.

SOULÉ (Pierre de Sieuras, seigneur du Soulé), chargé par le roi de Navarre de pacifier le comté de Foix, 24, 26. — Chargé de reprendre les châteaux occupés par les ennemis, 40, 50.

T

TAILLEFER (Anne de), épouse du capitaine Brenieu, 39, 53.

Tarascon (ville de) prise et reprise

par les catholiques et les protestants, 45. — Démantelée, 45, 46, 50.

TURPIN (le sieur de) assassiné par le sieur de Cazenave, 59.

U

Urs (troubles aux environs d'), 49.

USSON (François d'), juge-mage du comté de Foix, avertit le roi de Navarre de ce qui se passe au comté de Foix, 50.

V

VALETTE (Jean de La) envoyé par Charles IX vers M. de Pailhès, 10.

Varilles. Les députés de la Chambre y séjournent, 56.

VAUSELLES (le sieur de) envoyé en Foix par le roi de Navarre, 19.

VENTADOUR (Anne de Lévis, duc de), nommé lieutenant général en Languedoc, 85, 86.

Verdun (le fort de) occupé par le sieur de Gudanes, 40.

VERGOIGNAN (Christophe de), épouse du baron d'Audou, 84.

VILLAMBITS (Paul de Soréac, seigneur de), chargé par la Reine-mère de remettre Saverdun à M. de Pailhès, 31.

VILLENEUVE (dom Miguel de) pris et transporté hors du pays de Foix, 43.

FIN.